グラウンド・フォー・プレイ
Grounds for play

グラウンド・フォー・プレイ

イギリス 冒険遊び場事始め

ジョー・ベンジャミン 著
嶋村 仁志 訳

鹿島出版会

Grounds for play

by Joe Benjamin

Published 2011 in Japan by Kajima Institute Publishing Co.,Ltd.
Japanese translation published by arrangement with
National Council for Voluntary Organisations through
The English Agency (Japan) Ltd.

目次

マーク、ビフ、サイモン、アダム、ポールに

「教育（education）？」と、彼は瞑想にでもふけるように言った。「その言葉なら、ラテン語のeducereから来ているもので、『引き出す』という意味を持っていたと思うが……。ただ、その言葉が使われているのも聞いたことはあるが、それがどういう意味なのかをすっきりと説明してくれた人には、まだ出会っていないのだよ。」

ウィリアム・モリス『ユートピアだより』より

まえがき

子どもがもっと遊べるようにするための活動が大切だと考える人は、すぐにもジョー・ベンジャミンという人物を知ることになるでしょう。その一方で、その他大勢の人にとって、彼はまったく未知の人かもしれません。

教育系やソーシャルワーク系の雑誌を見れば、彼が「無関心さ」について殊更に触れている記事を目にすることができるでしょう。今回、冒険遊び場という分野とその全体像を概観することができたのは、ジョー・ベンジャミンの冒険遊び場に関するナフィールド財団の研究報告書（『冒険を求めて』全国ソーシャルワーク協議会、一九六八年・第三版）と、ノース・イースト・ロンドン・ポリテクニック総合技術専門学校でのコミュニティ・ワーク学科の統括アドバイザーという立場があってのことでした。

彼にはロンドンとグリムズビーの遊び場という現場がありました。彼にとっては、その重力のように引きつけられる現場経験から逃げずに冒険遊び場を理論化することは不可能だったでしょう。そして、コミュニティ・ユース・サービス協会、児童福祉協議会、全国子ども局などへの様々な関わりが、彼の幅広い視点を確かなものにしてきました。

『グラウンド・フォー・プレイ』は、子どもの遊び活動に関する文献に独自の視点から貢献をしていると言えます。グリムズビー、ロンドン、リバプール、ブリストルでの記録は、この戦争画家に

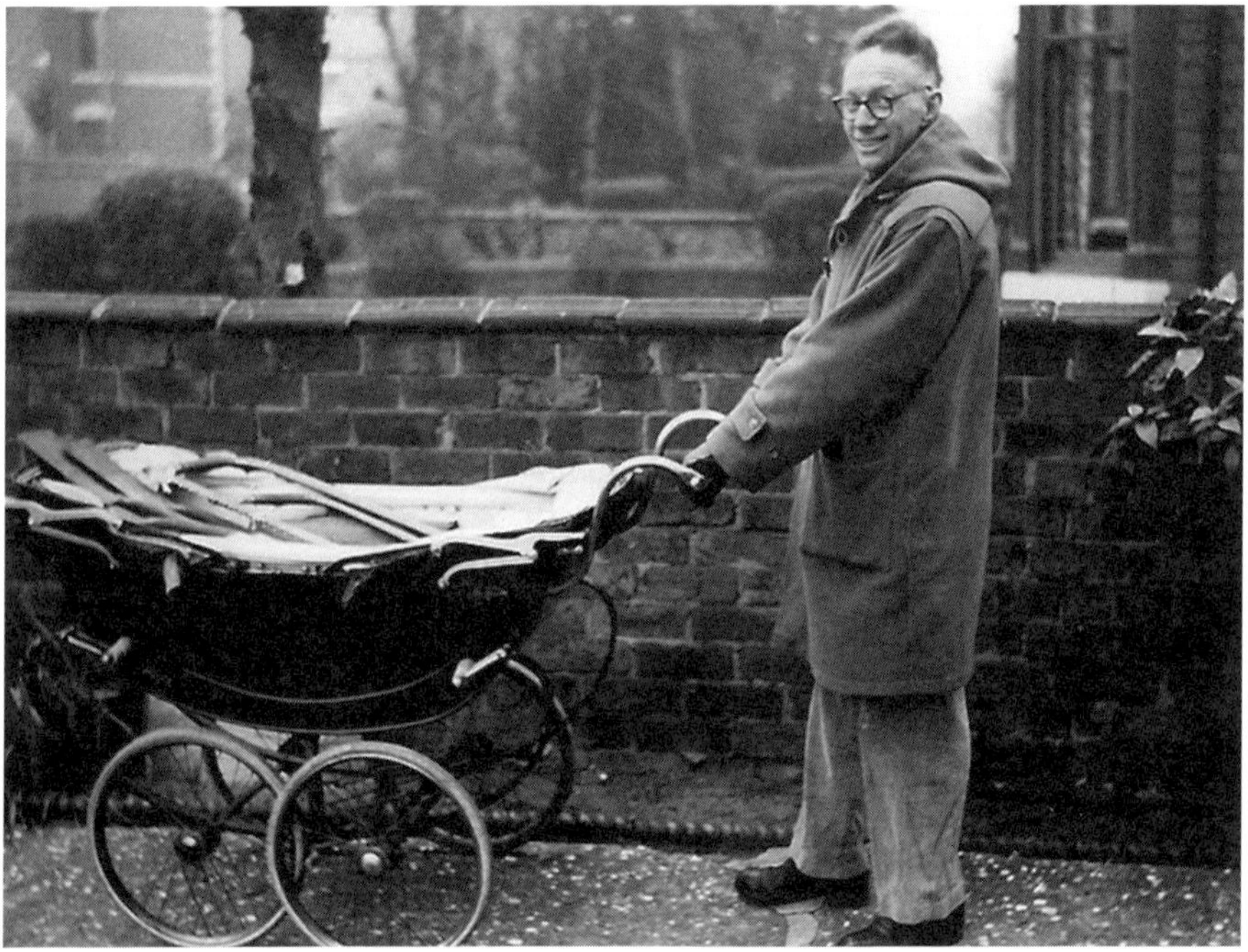
ジョー・ベンジャミン 1956年

「冒険遊び場とは何なのか」という答えを描き出す筆を与えたようなものでした。彼は、現実を捉える写真家であっただけでなく、場面を再現しようとするアーティストでもあった故に、その答えは「冒険遊び場は、このようなものでよいのだろうか？」という問いを常に伴っていました。もしかすると、遊び場に適切なフェンスはどれかを知りたくてこの本を読んでいる読者の方が、その問いへの答えをすぐに見つけ出していたのかもしれません。その一方で、ジョー・ベンジャミンという人は、行政の土木課に遊び場の仕様書を持って出かけたとしても、そのトラックの中で、

「理想を言えば、フェンスはない方がいい。けれども、そういう幸せな状態が訪れる時には、もう冒険遊び場は必要ないのだろう……」

と、考えるような人なのです。

このような発言の中にも、この本が解決していないジレンマが含まれています。ジョー・ベンジャミンは、あまりにも自分に正直で、政治的に意識の高い、「ミスター・ジレンマ」とでも呼べるような人でした（そのステップニー育ちに万歳！）。これは、他の専門職にも言えることかもしれませんが、「二つの立場に引き裂かれてしまう」傾向が彼にもあったということなのでしょう。

この本での主な論点は、多くの子どもの暮らす環境で「遊びの機会」が減少しているという認識から生まれています。道路は自動車に占領され、高層マンションが建つことによって遊びの場は破壊されていきました。その代わりとして子どもが遊ぶために区切られた場所は子どもと大人の世界の分離を加速させ、子どもの遊びは大人の現実世界との関係から引き離されていきました。子どもの成長と、それを前進させる遊びの世界には、幼い子どもが「ままごと」をするのを見ても分かるように、子どもが関わりを持つ何人もの「意味ある他人」が必要だったのです。つまり、子どもの群れを「子

ども専用」の野生動物保護区に押し込めることは、「意味ある他人」を同年齢のグループに限定してしまうことになったのです。

この、子どもをゲットーに隔離するプロジェクトは、子どもの遊びの世界をさらに貧困にしただけでなく、大人の責任回避を生み出すことにもなりました。大人たちが移動し、生活する世界では、確かに基地を作る資材やたき火のための薪には事欠くかもしれません。けれども、カプセルに閉じ込められた「子どもの遊び場」という世界よりも、子どもが経験できる世界は限りなく広いとは言えないでしょうか。そして、大人の世界から子どもを取り除いてしまうことで、子どもとの意味ある関係づくりや、「子どもと共につくる」関係を生み出す責任を大人は失ってしまうのではないでしょうか。『人々の遊び（Games People Play）』*1で示唆されているものは、大人の遊びと子どもの遊びとをそれぞれに合わせたものとはまったく異なるはずです。

遊び場の運営に地域の人たちが関わることで、先程のジレンマを解消する答えは少しでも見つかるでしょうか？　もし見つかるとすれば、そのときの専門職の人たちの役割は何でしょうか？　もし、みなさんからそうした問いかけが出されるとすれば、ジョー・ベンジャミンの考え方は、その答えを探る助けとなっていくことでしょう。

本書のタイトルである「グラウンド・フォー・プレイ（Grounds for Play）」の意味するところは、遊び場とは「遊ぶための場」であって、「場のための遊ぶ場所」ではないということなのです。この本は、目標を持ち、それを達成するための技術を手にしたいと願うワーカーの人に向けたツールキットとなるでしょう。そして、他の人がどのような目標を持ち、どのようなアプローチをしてきたのかが詳しく説明されています。けれども、理想に向けた革命の一分野として遊び場を選んだ熱心な皆さんには、安らぐ場はありません。もしかすると、この本の副題は、「ドラゴンがやってきた」だったかもしれません。

一九七四年七月

ウォルター・ジェームス

＊1　精神科医エリック・バーネによって一九六四年に出版された当時のベストセラー

序章

「冒険遊び場とは何か」を研究するにあたって、私はできる限り、遊びを子どもの視点で捉えようと考えてきた。子どもを中心に考えようとしている大人たちの、今の高揚した熱心さを見ると、このような当たり前のことを言わなければならない。

そうした大人たちの関心は、遊びの施設の方に向かいがちで、助成金を得るために奇抜なアイデアをひねりだそうと躍起になっている。けれども、そうなっては、本来の遊びよりも、用意された遊びに子どもの目を向かせようとすることになるのは避けられない。

ホイジンガは、「何よりもまず、遊びは自発的な行為である。やらされる遊びは、もはや遊びではない」[*1]と論ずる。この区別は重要だが、さらに、「遊びはいつも未来を先取りし、のちの個人の生きる力として呼び覚まされる機能を訓練するものだ」[*2]ということは、私たちも理解しておきたい。「未来を先取りする」とは、成長と発達のことを意味している。そして、「生きる力」を付けていくということは、変化していく社会での私たちの責務でもある。

つまり、遊びというのは、自由の枠組みの中にあって初めて機能するのであって、私たちはその遊びをデザインすることもできなければ、するように命令することもできない。もちろん、教えることなどできるわけがない。

ならば、私たちにできることは、個々の子どもや子ども集団にとって、遊びがいかに大切なものかを理解しようとすることだろう。そして、社会の仕組みの中に遊びの位置を確保しようとすることだろう。

「遊びは、文化よりも古い。なぜなら、どのようにうまく文化を定義できなかったとしても、文化はいつも人間の社会を前提としているからだ。そして、動物が教えるまでもなく、人間は遊ぶことを知っていた。しかも、人間の文明は遊びの考え方以上に何ひとつ加えられてはいないとも言える。

動物も、人間と同じように遊ぶ。子犬を見れば、人間の遊びのすべての本質は、あの楽しそうにふざけまわる姿の中にあることがわかる。子犬たちは、儀式のような態度と身振りで互いに遊びへと誘い合う。そして、自分の兄弟の耳を噛まない、いや、強く噛まないというルールを守っている。時には、ひどく怒った真似をしてみせる。そして、最も大切なのは、こういったことをしながら、子犬たちは大きな喜びと楽しみを単純に経験していることだ」と、ホイジンガは指摘している。

つまり、ここは間違いなく議論になる点だと思うが、私たちが子どもたちに対して単に遊ぶためのスペースを提供するということは、魅力のある道路や空き家、鉄道の引込み線、運河の土手、チェーン店、その他にも、技術を持つ面白そうな大人などに子どもが近づかないようにと、「命令している」ことになるのかもしれない。

にもかかわらず、「子どもというのは、そうした観察好きで真似好きな社会の一員である」ということを私たちが受け入れるまでは、私たちは遊び場を要求し続けるのだろうか。ただ、今の私たちの限られた理解力の中では、それも悪いことではないのかもしれない。

五歳以下の子どもにとっての遊びの必要性については、たくさんの文献があるが、五歳から七歳までの子ども遊びについて書かれたものは、なぜか少ない。そして、遊びの種類ではなく、年上の子どもの遊びのパターンについては、私たちはほとんど何も知らないのではないだろうか。

八歳から一三歳までの子どもはより行動範囲が広くなり、普通にある都市環境からは見えなくなっていく。私たちが聞いている限り、子どもは車庫の屋根の上や空き地、団地のエレベーターなどで遊んでいる。それは、その場所の管理人や住民から追い立てられるような場所ばかりだ。

もし、子どもが、現代の果樹園ともいえるウールワース[*3]でちょっと「くすねて」捕まったとすれば、行政の「お世話」になってしまうだろう。実際のところ、私たちは、子どもが「問題児」となり、レッテルを貼られるまでは、そうした子どもに出会うこともなければ、理解しようとすることもできない。なぜ私たちは、問題のある子どものことについてしか、論文を書こうとしないのだろうか？　普通の子どもは、本当に研究対象としての価値がないのだろうか？

普通の子どもを効果的に研究する手法が見出されない限り、私たちは既存のものを使っていくしかない。その意味でも、冒険遊び場は、意図的に作られてはいるものの、普通の子どもの、本能的で自然な遊びやその必要性を観察し研究するための出発点となるだろう。そこでは、子どもが廃材の使い方を探っていたり、穴を掘ったり、何かを建てたり、たき火をしたり、またこれも大切なことだが、興味を持って援助してくれる大人との関係が作られていくのを見ることができる。

ところが、この二五年を振り返ってみると、子どもの遊びやプレイリーダーの役割、本当の意味での地域住民の集まりや参画から見えてくる様々な側面について、私たちは悲しいことにほとんど何も学んでいない。

「積み上げられた経験が世の中に知られることは、ほとんどない。成功している遊び場のプレイリーダーも、仕事を辞めると同時に、遊び場で得た知識をすべて持ち去ってしまう。報告書などを作っても、内輪で回覧されるだけで、すぐに忘れられていってしまう。にもかかわらず、遊び場の数はこの一〇年で急速に増えている。けれども、その過程では、本来の目的が失われてきているようにも見える。*4」

今日、冒険遊び場の考え方は、反対している人たちから悪意を持って見られているのと同じくらい、熱心に推進している人たちからも間違って理解されているところがある。それは、このような遊び場で表現されている想像力がいかに限定されたものであるかを見ると、理解できるだろう。

エンジニアが設計して作ったブランコやすべり台は、廃材で作ったものに置き換えられ、遊具会社の作った鉄パイプのジャングルジムは、中央郵便局の電信柱や英国国鉄の枕木に置き換えられ、チェーンがロープに代わり、木製のブランコの椅子が古タイヤになっているにすぎない。

さらに悪いことに、プレイリーダーの発案で長持ちするようにと作られた遊具は、子どもから受け入れられることもなく、おそらく議論の余地はあるが、遊び場が荒らされる原因ともなっている。いろいろな素材が自由に使えるようになっていることも、いつも問題になっている。運営委員会はプレイリーダーと同様に、「遊び場は目障りで、子どもにも危ない」と、地域住民から怒りを買っている。また、それほど多くはないが、いくつかの遊び場がコミュニティ教育の予備コースの開講に乗り出しているものの、「冒険遊び場」は様々に解釈され、それもまた、誤解されて伝えられていることがよくある。結果として、本来ならば援助があるはずの地域住民から、多くの場合は反対されてしまう。

そうした理由から、冒険遊び場の事例をもう一度伝えていくことが大切だと思われる。また、初期の実践者たちの仕事の見直しも、同時に大切だろう。

けれども、私には、冒険遊び場での遊びが、さらに長い歴史を持つ児童館での遊びと同じように、制度化されてきているようにも見える。おそらく、制度というのは必要なものだろうが、遊び自体は自然で、常に変化しているものであり、プロセスであり、与えられた時間や環境の中で、子どもが面白いと思うままに形作られていくものだということは忘れられてはならない。私たちが今までの研究の中で見過ごしてきたのは、この最後の部分ではないだろうか。

私たちが、最先端のデザインを通して遊びの可能性をどれだけ探ったところで、子どもは自分たちの方法でそれを解釈し続けていくだろう。

ここで私が伝えたいのは、道路や近所の修理工場、団地の階段、「まさに都市の中にあるすべてのもの」は、子どもの自然な住環境の一部だということだ。私たちにとっての課題は、道路や住宅、ガソリンスタンド、お店などを、子どもが遊べるようにデザインすることではなく、参加を基本にして子どもを受け入れられるよう、社会を啓発することにあるのではないだろうか。

国連の専門家会議の報告書[*5]には、「遊び場は、どのようなタイプであっても、コミュニティ全体との関連で考慮されなければならない。つまり、遊び場だけを切り離して考えてはならない」と書かれている。けれども、この分野を研究していくためには、まず、「子どもは何を面白いと思うのか」ということから考え始める必要があるだろう。

それ以前に見られる報告書[*6]では、「子どもは、他のどの場所よりも、道路でトラブルを起こすことを考えると、彼らのために、安全かつ自由で、思いきり遊べる場所の確保に全力を挙げるべきである」と書かれているが、この仮定には疑問がある。子どもは、他に遊ぶ場所がないから道路で遊ぶわけではない。そして、遊び場はどんなタイプであっても、面白さや現実との結び付きから見ていけば、ごちゃごちゃとした（さらに言えば、静かで日の当たらない）路地裏にかなうものはないと思われる。

また、報告書は、「冒険遊び場」または「廃材遊び場」について短く触れている。そこでは、「大都市の空き地をより多く利用し、フェンスや街灯を整備して、道具をそろえた工具小屋を用意する。今の世代の子どもの欲求を満たす短期間の措置ではあるが、そのようにして子どもが自ら遊びを作り出せるようにできないかを検討する余地はあるだろう」という提案が行われている。


クラブのような環境では、放課後の教師やユースワーカーの役割がそれなりに認知されるようになってきた。けれども、地域での親や大人の役割は、あったとしても、あまり明確にはなっていない。

遊びというのは、子どもが心理的にも物理的にも地域自体から隔離された場所で、プレイリーダーに見守られ、創造的かつ発展的に推進される活動としてしか見られていないようだ。地域の関わりの大切さが記されているのは確かだが、これが見られるのは資金集めと事務仕事に関係しているものばかりだ。地域には、普段の遊び場やプレイリーダーでは及びもしない特別な技術や面白いことを提供して関係を築きながら、子どもや家族に援助の手を差し伸べられる人がいる。だが、そうしたことについての評価はされていない。ただ、それは、意図する、しないにかかわらず、避けられないことでもあるのだろう。

今、社会の中心的な世代は、戦争末期か戦後すぐに生まれている。そのこと自体からも、使えそうなスペースはどこでも遊び場にしていく必要があった。空き地はほとんどの大都市や町にあふれていて、子どもはそうした場所に自然と惹きつけられていた。そこには、子どもが遊んでいる姿を観察する機会が無数にあっただろう。このような遊びが自発的かつ、イギリス国内で特徴的な結果が出るとすれば、これはまたとない調査の機会となっただろう。というのは、これほどまでに、都市の子どもが公になることは今までになかったからだ。

その一方で、田舎の子どもの遊びは広く知られ、うらやましがられるところとなっている。理論的には、田舎の子どもは遊び場所には事欠かず、道路での危険は存在しない。登れる木があり、裏に隠れる垣根や這い回れる溝があり、果物を取れる果樹園がある。森や草原では、歩き回ったり、穴を掘ったり、基地を作ったり、たき火をしたり、料理をしたりという機会が無限に存在している。川は泳ぐだけでなく、釣りをすることもできる。材料や道具は、難なく手に入れることができる。それ以上に、おそらく子どもは、より気楽な大人社会の良さを味わっていて、都会での大人と子どもよりも近い関係の中に暮らしている。そして、田舎の大人は子どもにより多くの時間を使えるだけでなく、子どもも大人社会の毎日の仕事に参加することが普通で、欠かせないものと思われている。

都会の子どもはそれほど幸運ではない。都会の大人社会は忙しく、社会が子どもに期待する大切なものを教えている時間など少しもない。大人は、どちらかといえば、自分のことは自分でこなしてしまう。その方が速いし、「仕事を確実に終わらせる」ことができるからだ。

家事は母親が切り盛りし、（あればの話だが）庭は父親が世話をする。そして、遊び（そんなものがあればの話だが）は、遠くの工場で作られた商品か、身の回りの環境で「勝ち取った」ものに限られている。参加できるようなものはほとんどなく、その結果、子どもが学んでいく素材になるようなものは何もない。ほんのわずかな子どもだけが、親や近所の人の仕事を知っていて、言うまでもなく、そこに参加するチャンスを持っている。

けれども、子ども本来の姿からして、遊びを完全に制限することはできない。公園や遊び場は、もう新しい現象ではなく、都会の子どものニーズを認めた最も早い試みだ。けれども、これらは当初に計画されて以来、少しずつ変化してきている。公園や遊び場は、特定の遊びこそ可能になってはいるものの、他の遊びは許されていない。そして、その許されない遊びのほとんどが、今日でも田舎の子どもが遊んでいるような自然の中での遊びだ。

また、子どもに関わる前衛的なグループの中では、普通の遊び場は「金物の集まり」でしかないと、軽視される傾向がある。つまり、接地面をセメントで固められた鉄パイプのブランコ、すべり台、回旋塔、ジャングルジムでは、子どもが自由で想像力にあふれた使い方はできない、と言うのである。

確かにこれは正しいのだが、子どもの心がどのように動くかということがわかっていない。子どもがすることはすべて、進歩的で、本能として安全を第一に考えている。男の子でも、低い枝からの飛び降りができるまでは、木のてっぺんから飛び降りようなどとは考えない。新しい限界が来るたびに、自然の本能が子どもに危険を警告するのだ。そして、安全に飛べると確信できるまでは、子どもは決して飛び降りることはない。飛び降りは、多くの場合、特に観客がいるとなれば、冗談で飛ぶ真似から始まるだろう。けれども、そんな時でさえ、偉業の達成が難しいと判断すれば、子どもは飛び降りることはない。そして、「やめる」という判断には恥も何もない。それが賢い選択だったことは、すぐにも他の子どもからも受け入れられるだろう。もし、それが危ない木として知られていれば、子どもは自分たちで登らないように示し合わせるか、できる限り枝を落として登れないようにしてしまうだろう。

私たちの作り出した「金物」の安全性と耐久性は、田舎の子どもが楽しんでいる自然の中の遊びと同じように、都会の子どもにも必要不可欠で、楽しめるものとなっている。けれども、欠陥のある遊具は、子どもから敬意を払われることはない。それは、私たちの怠慢のせいであるにもかかわらず、子どもが壊そう（テストしよう）としている時には、その破壊性が問題にされてしまう。

遊具へのこうした新しい試みの弱点は、芸術的に触発された彫刻やトランポリン、前衛家たちに愛されている同様の発明によく現れている。これらが子どもに人気があることに疑いの余地はない。けれども、私たちが自分に問い返さなければならないのは、「どの子どもに対してなのか？」ということだろう。すべての年齢層の子どもが、この遊具で遊ぶのだろうか？　もしも、これらの遊具が、小さい子たちと同じように、一四歳の子どもにも人気があると声高に吹聴されるならば、「子どもがチンパンジーのように振舞うことを求め、そのチンパンジーを『動物園のお茶会』できちんと振る舞えるように育てようとする私たちの社会は、どこか根本的に間違っていないか」ということを考えなければならない。

私たちがどれだけ遊具について考え、どれだけ遊具が遊ばれていようとも、軽蔑されている金物と比べてみれば、遊びは少しも想像的にも実験的にもなっていないのは間違いない。

さらに言えば、遊具の性格上、遊び場での遊びは非現実的で、子どもが本当の意味で地域の生活を観察し、理解し、参加していくということはない。そして、唯一必要なそこでの大人の関わりは、お金をかけてレイアウトされた公園や遊び場でも子どもによく知られた警告的なものばかりだ。遊具には最大限の注意が払われているというのに、子どもは二の次のままでしかない。

このような考え方から、まったく新しい種類の遊び場の必要性は生まれてきた。ただ、パイオニア的な初期の人は、今まである遊び場（加えて、より規律のあるクラブ運動の活動）を拒絶することはなかった。そして、廃材遊び場や冒険遊び場を「短期的な手段」とも考えてはいなかった。

初期の人たちにとって、このタイプの遊び場は、必要不可欠なもうひとつの選択肢であって、あらゆる年齢層のすべての子どもにとっての補完的なものだった。そこでは、都会の子どもが、安全な環境で好きなように自分のやってみたいことを試し、暖かく見守っている大人は邪魔も命令もしないが、望んだ時にはいつでも助ける用意があり、時には、子どもの方が手伝ってあげたくなるような大人がいる遊び場だった。

世界初の廃材遊び場が開園してからほぼ三〇年が経つ。[*7] イギリス国内初のものができてからは二五年が経っている。いくつかの例外や最近のものを除いて、遊び場は、地域のボランティアから始まり、土地や運営費、リーダーの給料は、悲しいくらい、外部に依存している。

この本で紹介した四つの主なパイオニア的なプロジェクトのうち、今も存続しているのは一つだけ（ブリストル）に過ぎない。一方で、他のそれぞれの活動は、地域での更なる発展のきっかけとなっていった。たとえば、リバプールでは三つ、ロンドンでは二〇、全国では計七〇の冒険遊び場があると言われている。付け加えて、様々な形態で行われている休日の遊び活動は一七〇〇にものぼり、そのほとんどは、常設の活動を目指して動いている。

初期の経験は、当初の五〇年代に注目を集めた時と同じく、今日にも意味を持っている。まず初めに、このタイプの遊び場は、スタッフが配置された遊び場という点だけでなく、事業として取り組むべき遊びの機会という点でも、行政の目を開かせるような要素を含んでいる。次に、ボランティア運営による視野や考え方、組織作りについても、根源的な問いを投げかけている。それは今日の、広い意味でのコミュニティワークやコミュニティの参加の取り組みにもつながっている。三つ目に、初期の遊び場の経験は、開拓者たちが経験した問題（そこからは、ほとんど何も学ばれてはいないのだが）に、今日でも遭遇している後続の遊び場を触発するものとなっている。

では、こういった遊び場は、何を大事にして作られたのだろうか？　そして、その存在が不自然とも言える「秩序」を今以上にあらゆる人やものに求めようとする社会の風潮に対して、この遊び場は本当に実践的と言えるのだろうか？　形式化された活動に対するもうひとつの選択肢として自由な遊び場を運営することには、どのような良い点と悪い点があるのだろう？　もしくは、こうした遊び場は、実際に新たな選択肢と成り得ているだろうか？　そして、今日でもなお、プレイリーダーは、屋外と、まったく別物である屋内に対して、同じ考え方で臨んでいるのだろうか？　あえて聞くとすれば、なぜ、古くからの団体は自由な場の使い方を求め、いくつかの遊び場は「三〇年代」の人たちが好んだような、大人が用意する活動やプログラムを推進しようとするのだろうか？　古くからのやり方を進めていこうとする伝統主義者が悪いのか？　それとも、進歩的な人たちは、まだそこまで到達していないだけのことなのか？　失敗と成功を分けるのは、リーダーシップだけなのだろうか？　そもそも、成功や失敗とは、どういうことなのだろうか？

こうした問いへの答えを見つけるのは簡単なことではない。資金援助がなければ遊び場は存在できないのだが、その援助を求めるために作られた年度報告書やパンフレットには、遊び場の根本的な問いについて考え、自分たちの主張を検討し、実証しようとした試みは見られていない。

「何年にもわたって冒険遊び場について書いてきたが、そろそろ私たちは正直になった方がいい」と、ある会の名誉幹事の方が私に言ったことがある。別の場所では、ある遊び場の会の会員が、「客観的に見るには、まだ時が熟していない。このままでは、私たちにとって害の方が大きい」と語っていた。大人の世界にあっても、未だに「沈黙は金」であるようだ。

けれども今では、立派な社会的地位を持つ中央政府下院の最前列から、過激な考え方をするソーシャルワーカーの少数派まで、「冒険は、すべての若者が根本的に必要としているもの」と認識されるようになっている。では、私たちが定義を拒んでいるものについて、私たちはどのように話を続けていくことができるだろうか。

今まで議論されていたように、冒険の定義が不可能だとすれば、子どもが町や空き倉庫、建設現場、線路の土手、ごみ捨て場、港のドックで面白いことを見つけて遊んでいたとしても、私たちには関心を寄せる正当な理由はどこにもない。反対に、もしそうした遊びが、つまり、子どもの自然な興味や、子どもが真似してみたり、試してみたいと思う気持ちが私たちの関心の対象となるならば、私たちにはそのような子どもとその行動を調査する義務が生まれる。そして、その両方を建設的に進めていかなければならない。

こうした動きは、ゆっくりではあるが、認められるようになってきている。この二五年にわたって、いくつものグループが生まれ、「冒険」が意味するものを追い求めてきた。このあとで、いくつかのグループの努力してきた足跡を紹介したいと思う。

そこでは、それぞれにグループの自説を語ってもらうようにし、公式の報告書や出版物、新聞、雑誌記事、議事録、個人的な話し合い、ファイルなど、私の手元にある資料を引用した。特に、ブリストル・ソーシャルワーク協議会、ブリストル・ソーシャル・プロジェクト、リバプール・ソーシャルワーク協議会には、感謝の意を表したい。また、それぞれに、私が自由に記録を引き出すことを許していただいた。そして、ジョン・バロン・メイズ教授には、『遊びの中の冒険（Adventure in Play）』から詳細に引用する許可をいただいた。話し合いの記録を提供していただいたロラード冒険遊び場の会にも感謝したい。全国運動場協会には、資料や書庫の閲覧を許可していただいた。短くはあるが、初期の歴史のほとんどはここが情報源となっており、それ以外では入手不可能な情報だった。

ここで覚えておいて欲しいのは、市民活動団体には場所を選べる自由はなく、どんな場所でも、提供されたものを受け入れるしかなかったということだ。もちろん、当初は、子どもが自由に遊べる場所を望んでいただけだった。けれども、この種の活動で直面する課題（穴が掘れる地面、作って遊べる廃材の入手、料理のためのたき火、そういった遊びから生まれる避けがたい雑然さ）が、当時にはおそらく、明確になっていなかったのだろう。

そして、プレイリーダーは、トレーニングを受けたわけでもなく、経験もなく、虚しいくらいの低賃金で働き、すべての年齢とタイプの子どもの幅広いニーズを理解し、見守り、場を作り、親や社会福祉の機関とも友好的な関係を取り、産業界のことを知りつつ連絡を取ることができ、芸術的な傾向と専門的な技術を持ち、さらに出版に堪えるだけの報告書を記録し、作成し、提示できることまでもが望まれていた。

当然ながら、初期のたくさんの取り組みを生んだコペンハーゲンの遊び場作りについても短く触れている。その重要性は、おそらく、その理論というよりも、直面した実践的な手法にある。この遊び場は、二五年が過ぎた今でさえ、門が取り付けられ、通り抜けできない囲いを使って、効果的に音や近隣からの視界を防ぐことができるようにされた唯一の遊び場だ。

同様に、イギリスでの初期の頃についての宣伝効果を出すために、アメリカで実施された初めての取り組みについても書いた。組織作りや材料の供給などは、すべての取り組みに直接関係している問題であり、「ザ・ヤード」の話も、今日の私たちへの教訓を大いに含んでいる。

一方で、初期の頃の歴史とは別に、私自身は、リバプール、ロンドン、ブリストル、グリムズビーで生まれた最初の四つの主なプロジェクトに関わってきた。そして、それぞれの活動の様々な部分で関わりを持ってきた。

協力を受けた三団体への感謝の言葉はすでに述べたが、最後に、今はないグリムズビー冒険遊び場協会へ感謝の気持ちを伝えたい。この団体への気持ちは、別格にある。試験的に行われた最初の遊び場のプレイリーダーとして、のちには、継続した遊び場のプロジェクト・リーダーとして、遊び場の内外での実践や、遊び場の運営面、方針作りなど、少数のフィールドワーカーしか享受できないような自由度と責任のある仕事をさせていただいた。そういうわけで、グリムズビーの遊び場での研究は、遊び場の会が発行した報告書か、私個人の日誌が元になっており、私自身についての研究でもある。

私は、何年にもわたって、大学や教育短大などで講師として呼ばれる機会があり、官民を問わずソーシャルワーク機関に対してだけでなく、多くの分野の学生にも情報を提供してきた。そうした経緯から、この研究の改訂の機会を提供してくださった全国ソーシャルサービス協議会には、さらに感謝の意を表したい。この本が、冒険遊び場の動きだけでなく、子どもについてのよりよい理解につながれば幸いだ。

子どもはどこにいても遊ぶ。なぜならば、子どものいるどんな場所も、そこは「遊びの場」となり得るからだ。

一九七三年一一月

＊1　Homo Ludens by J. Huizinga; Temple Smith

＊2　The Play of Man by Karl Groos; Heinmann

＊3　文具や本、お菓子などを売るチェーン店

＊4　Adventure Playgrounds by Arvid Bengtsson; Crosby Lockwood　『新しい遊び場』大村虔一・大村璋子訳　鹿島出版会

＊5　Playground Activities, Objectives and Leadership; National Playing Field Association, 1958

＊6　Citizens of Tomorrow; King George's Jubilee Trust, 1955

＊7　原書出版当時。一九七三年

1 はじめの一歩

一九三一年に発表された『公園政策』の中で、造園家C・Th・ソーレンセンは冒頭で、「子どもが作りあげたり、夢見たり想像したりしたものを実現できる廃材遊び場のようなもの」について書いている。彼のこの夢が実現したのは、一九四三年になってからだった。

のちに彼は、「実現に向けて私が取り組んだ仕事の中で、廃材遊び場ほど醜いものはなかった。それでも、私にとっては最高の、最も美しい作品になった」[*1]と書いている。なぜ醜かったかというと、基本的な材料は廃材だったからだ。そこにあるのは、ひしゃげた古い車や梱包用のケース、枝やレンガ、水、登れるような木、穴掘りができる土といったものだ。

これらは、都会の子どもたちから見れば、田舎の子どもたちに馴染みの田舎の風景や農場、古いトラクターと変わらない。ソーレンセンは、「基本的な遊びの自由を守るためには、大人は要らない」ということを考えていたので、初めは遊び場に大人が必要なのかどうかさえ疑っていたほどだった。結局は、話し合いの結果として、二つの大きな点が見えてきたのだった。

労働者住宅金融共済組合の建築家をしていたM・ダン・フィンクは当時、コペンハーゲン郊外の新しい住宅地エンドラップの巨大な住宅プロジェクトに関わっていた。彼はこのプロジェクトの中心として、かなり広いエリアを廃材遊び場として仕切ることを提案し、実際のデザインを完成させた。

音を遮断し、必然的に生まれる「場の雑然さ」から予想される苦情を乗り越えるため、別の場所から運んだ土を六フィートの高さで遊び場の周りに盛ることにした。さらに、この上に強力なフェンスを立て、野生のバラやサンザシ、アカシアを張りめぐらせて、入っていくことができないような茂みで遊び場を囲んだ。

もう一つの点は、「遊び場は、必ず大人が見守るようにしなければならない」ということだった。これについて、ソーレンセンはのちに、遊び場の最初のリーダーとなったジョン・ベルテルセンの仕事に多大な敬意を表することになった。以前、教師をしていたベルテルセン自身は、外の世界でも通用するような建築遊びを子どもができる場所、つまり、子どもが遊びを通して自然に学ぶことができる場所として遊び場を見出していた。

「遊び場は、大人が子どもを教育する場所にしてはならない。そして、廃材遊びや樽の上でのバランス取り、車の分解、ダム作り、オリジナルのゴーカート作りと同様に、小屋作りや穴掘り、家事や料理などをして遊べるような場にしなければならない。」

と、ベルテルセンは私に宛てた手紙の中で書いている。

彼の中では、そこでのリーダーの役割についても明確になっていた。

「遊び場を引っ張っていくということは、子どもの遊びや時間の使い方を引っ張っていくこととは違う。主人公は子どもであって、やりたいことは子どもから生まれてこなければならない。リーダーの仕事は、提案することであって、子どもに要求するべきではない。リーダーは、子どもが必要としたり、要求してきた道具や材料は用意するが、子どもが新しいことを始めた時には、必ずそちらを優先しなければならない。プログラムを組むということは、子どもの想像力や『やってみたい気持ち』を殺してしまうことになり、興味や関心が常にどこからか噴き出そうとしているのを止めてしまうことになる。*2」

こうした議論から、廃材遊び場というものが子どもの遊びのジグソーパズルのどの位置にあるかは理解されたかと思う。これは基本的なことなので、新たな議論の余地はないだろう。けれども、次のようなことは検討していく価値があると思う。

たとえば、なぜ、小さい子どもは「おもちゃの家」で遊ぶのが好きなのだろう？　なぜ、ある年齢になると、子どもはお父さんお母さんごっこが好きになるのだろう？　何が、子どもを穴掘りや小屋作り、身の回りの世界や状況の物真似に向かわせるのだろう？　なぜ、子どもは高額なおもちゃに見向きもしないのだろう？

どの発達段階にあっても、子どもは真似をする動物だ。そして、それ以上に、子どもは社会の一部として存在している。子どもは、大人の社会がしないことはしない。子どもは小屋を作り、壊し、また作っていく。そして穴を掘り、トンネルを作り、採集に出かけ、釣りをし、探検する。そして、子どもは道で見かける最新の車やベビーカーを素晴らしいものだと考える。子どもは買い物をし、料理をし、縫い物をし、絵を描き、誰かのようにふるまう。子どもは、自分の住む地域の文化的な伝統にいつまでも参加し続けている。

けれども、私たちの社会は子どものためにデザインされているわけではないので、いつも子どもといさかいを起こしている。大人たちは、子どものしつこくも止むことのない要求に邪魔されて、自分の仕事が効率良くできないでいる。

ただ、私たちが関心を持っている子どもも、田舎の子どもが楽しんでいるような自由を奪われているわけではない。彼らは田舎に住んだことがあるわけではないし、その自由もほとんど知らない。けれども、都会と結び付いた、同じような自由を楽しんでいる。レンガの塀の上でバランスを取ったり、乗り越えたり、道路で追いかけっこやかくれんぼをしたり、誰かの家の裏庭や空家に基地を作ったり、人影のない倉庫で学校ごっこやお店ごっこをしたり、工事現場でたき火をしたり、近くの自動車修理工場で車のタイヤやプラグの交換をする顔見知りの整備士を尊敬の眼差しで見ていたりする。環境はかなり違ってはいるが、子どもの自然の本能や喜びは、田舎の子どもと変わらない。木に実った果物を盗んでくることも、都会の子どもの知らないところではない。

けれども、そういった自発的で自然な本能や喜びは、普通の公園では得られないものだ。そこでは、遊びの幅も少なく、限られた想像力しか許されない、指図された活動になってしまう。けれども、子どもの想像力が翼をつけて飛び出す時には、遊具の使い方が間違っているとか、茂みをだめにしたという理由ですぐにも管理者とぶつかってしまう。自分の家でも、ほとんどの遊びはできない。

二〇階かそれ以上の空にそびえ立つ住宅には、母親が欲しいと思うものは何でもあるが、例外として足りないものは、子どもが安全かつ自由に遊ぶことができる場だ。こうした住宅に挟まれた空間は、「想像力豊かにレイアウトされた」と書かれているが、それは建築家の想像力であって、子どもの想像力ではない。新しくデザインされたジャングルジム、いろいろな形のすべり台、そしてくねくねと曲がってはいるが、きれいすぎるほどに整備された芝生は、普通の公園ですでに用意されている。

年上の子どもにとっては、「道路」が自分たちの活気を手にできる唯一の場所となる。道路こそが、子どもの好きな児童館であり続けている。

この年齢層の子どもに対する私たちの知識は、驚くほど少ない。学校や養護施設、似たような閉ざされた環境ならば、私たちは子どもたちに会うことはできる。けれども、子どもが遊ぶ時、彼らは大人の影響から離れ、あちこちへと移動し、遊牧的だ。

では、一二歳の子どもは何をして遊ぶのだろうか？　ままごと、お店ごっこ、学校ごっこ、病院ごっこ、電車ごっこ、自動車ごっこ。すべては、普通に育つ子どもに見られる遊びのパターンだ。小さい子どもは、着せ替えやひっくり返った家具などを使って、真似ごとをするだけでも満足だ。大きい子どもになると、自分の使える材料を知っているので、それを発展した形で使おうとする。

そうした中、既製のおもちゃを非難する人は、その製造過程に理由があると考えている。おもちゃの製造には、感傷的なものはほとんどない。おもちゃは、何よりも利益が優先されて作られるが、利益が出ないと判れば、あっという間に生産は中止されてしまう。製造者は、すべての子どもの年齢層の好みを現実的に把握している。それによれば、おもちゃは、少しずつ実際にあるものに近くなっていくという（残念なことに、私たちはそのことを見逃している。教育機関やソーシャルサービスで使われている遊び道具は、たいてい、抽象的なものばかりになる傾向がある）。そこで、戸棚に置き去りになっている壊れた消防車のことを指摘するのは、子どもを誤解していると言える。何が本当に起きているかといえば、子どもは特定のおもちゃで得られる遊びから、ある特定の瞬間に抜け出していく。けれども、あとから、車輪やバネ、他のパーツは、「発明」のための原材料として子どもの手に戻っていく。子どもは、現実に一歩近づいたのだ。

そのようにして、床の上を引かれていくカラーの積み木が、子どもにとって最初の電車になる。それが最終的には、派手に塗られた蒸気機関車に代わり、ぜんまい仕掛けで動く電車になり、リモートコントロールのセットで駅や信号や橋、トンネル、貨物車、風景までも揃ったものになっていく。もし私たちが遊びを教育プロセスと考えるならば、これにも終わりがない。子どもの鉄道好きも、鉄道マニアのことも理解できる。

何かを試したり、作ったり、発見したいという欲求は、一二歳の子どもにとって自然で必要不可欠なものだ。それは、砂や水が三歳の子どもにとってそうであるのと変わらない。

廃材遊び場は、特にこのような遊びができるようにと考えられた。つまり、子どもの工房としての遊び場だ。ここでは、子どもは道具や材料を手にすることができる。子どもは、何かを作ったり、壊したり、そしてまた作ることができる。さらに、何かを発明したり、試したりすることもできるが、それ以上に、大人の世界の工房と同じように、意識しなくとも雑然としたままで放っておける場所だということだ。

「がらくた学」というのは、廃材を使った自由な遊びの理論と実践のことを指すが、それ自体は特に新しいものではない。今までにも長い間、教育者たちによって、この種の表現の場の必要性が認められてきた。このような試みは、遠ざけられ、長く忘れられてきているが、今世紀初めには、低年齢の子どもを対象にして学校などで実践されていたものだ。

現在のコペンハーゲンでの試みは、二つの意味で重要性を持っている。つまり、これは教育的なつながりを直接持たずに作られた、初の創造的な遊び場だということだ。そして、もうひとつは、この遊び場の成功がデンマークの国境を越え、一九六〇、七〇年代に着実な影響力を持って広がっていったことだ。

一九四三年当時のイギリスでは、子どもへの関心はそれほどに高まっていなかった。戦時中の疎開や親との離別、ゆっくりではあるが爆撃で破壊された町への人の流れ、教育的・情緒的な混乱、このすべてが前例のない生々しい問題につながっていた。

この年に「一四歳未満児童のための協議会（のちにセーブ・ザ・チルドレン基金に編入）」によって実施された「レジャー活動に関するジュニアクラブ・ハンドブック調査」では、きちんとした遊び場が足りないということだけでなく、爆撃を受けた土地や壊れかけた家に人気が集まっていることが注目されていた。大人の世界が復興の段階に達するかなり前から、子どもはレンガやがれきを自由に手に取り、作ることを始めていたのだ。

一九四六年一一月には、ハートウッド卿アレン夫人が、コペンハーゲンでの取り組みとその教訓について、ピクチャー・ポスト紙に記事を寄せている。

「ここでは、子どもが、初めから遊び場を作り上げていました。手に入る材料は、石や土、レンガ、木、鉄、粘土、水、板、空になった石油缶、手押し車など……リーダーが子どもをグループに分けたり、遊びを仕切ることは決してなく、子どもの自由は自分たちの責任感や場の雰囲気、自分以外の子への配慮の範囲内で守られているのです。」

コペンハーゲンでの取り組みへの関心は高まり、「一四歳未満児童のための協議会」は、国内での廃材遊び場作りを進めるキャンペーンを始めた。第一号は「モーデン[*3]の、とある裏庭を使って作られた」と正式には言われているが、私たちの目的から言えば、市民活動によってこの種の公共の遊び場が初めて作られたのは、一九四八年のカンバーウェル[*4]においてである。

この遊び場に関わっていた多くの人々は、近くにあるケンブリッジハウスという、昔からの一般的な活動を展開しているコミュニティセンターにつながりを持つ人たちだった。彼らは、子どもにもよく知られる存在で、地元の状況や資金の問題、行政が求める条件などについても詳しかった。そして、「プロジェクトの可能性を真剣に探る」最初の話し合いは、一九四七年に始まった。この「有識者たち」がのちに提出した報告では、次のようなことが伝えられている。

「私たちの試みの中では、次のような問題が重なり、作業を困難にしていた。

1 誰が土地を所有しているのかを確認するのが難しかった。そして、所有者が複数いることがほとんどだった。
2 幹線道路に近い場合、多くの子どもを集めるのは危険だと行政は考えていた。
3 きちんとした見守りが必要不可欠だった。
4 継続的な資金の調達が必要だった。
5 当時は難しかったが、優先課題として取り組まない限り、材料は確保できなかった。
6 運搬手段がなかった。
7 ボランティアを使っている時でも、労働組合の規則が状況を難しくした。

他にも思わぬ壁があったが、私たちは前に進むことにした。」

実際には、終戦直後に特徴的に見られた行政管理上のごたごたや、考え方の混乱、資金や材料の不足などもあったが、これらの壁に負けることなく、遊び場は一九四八年初めに開園した。そして、途中に休止期間もあったが、敷地が再開発に転用される一九五一年まで、遊び場は続けられた。

カンバーウェル遊び場での経験は、のちに国内の他の場所でも直面することになる典型的なものだった。それでも遊び場自体の役割に関しては、委員会の気持ちに疑いはなかった。子どもは好きな時に来て、好きな時に帰ることができ、安全の範囲内で自由に遊ぶことができる。そして、何よりも、大人に邪魔されることがない。

けれども、冬の時期の延長として提供された遊び場小屋の使い方は、不思議にも別のところに焦点が当てられ、外の遊び場の考え方とは正反対のものになってしまっていた。「回覧（日付なし）」では、委員会は子どもの遊びについて次のように書いている。

「私たちが力になろうとしているのは、趣味に熱中し、建築遊びなどで実験できるような場所が家にはなく、遊び部屋や裏庭もない中で、道路以外に遊び場のない子どもたちだ。規則は最低限に抑えられ、手伝いに入った大人から邪魔されることもない……。私たちは、子どもたちに対するしつけと同じように、手伝いに入った大人の動きにも、あまり制限を付けないようにした。」

その回覧の中では、柵が不適当であること、雨の日や冬に向けて使えるように用意された遊び場小屋がすでに木工所として使われていること、工具は丈夫なものを用意しなければならないことなどが指摘されている。そして、開園から六週間後の事務局のレポートには、次の点が挙げられている。

1　子どもは群れになってやってくる。数を制限することは不可能だが、時々、大人一人では手に負えない数の子どもがいることがある。

2　遊び場は六週間にわたって開園しているが、工具は毎日使われ続けている。盗むチャンスはいくらでもあるというのに、まだ無くなった工具はない。

一九四九年四月の政府中央情報局に送られた手紙では、次のことも関心の対象になっている。

「倉庫や事務所、雨よけ、工房として使うためにプレハブ小屋が前年から建てられているが、外の遊びを中心に考えているので、クラブルームのような使い方はしないと考えられていた。一方で、毎晩の侵入を防ぐことはできなかったが、盗まれているものは何もなかった。」

結局、冬の訪れと共に遊び場小屋は開かれて、より貴重な経験をすることになった。リーダーの日誌では、この小屋をめぐる問題が提起されており、その解決策も提案されていた。けれども、出された答えは大人にとって都合のよいものばかりで、子どもにとってはただの宣戦布告でしかなかった。

一一月の終わりに、リーダーは次のように書いている。

「この時期には、外での遊びは終わりになる。常連の子どもが満足するような屋内の遊びを用意することが必要だ。そして、平日の夜に遊び場小屋へ来る子どもは、夏の間に常連として登録されている子どもに限定する必要がありそうだ。この数は一〇〇人にもなり、そのうちの七〇〜八〇人は、最低でも週二回は遊び場に来ていた。この移行期間には、子どもが来てもよい日と時間を掲示し、家庭にも回覧を回して、どの夜にどの子どもが許可されるかを伝えることにした。

一〇月二三日から始まった最初の週は、このリストを守ろうと努力したが、それはかなり困難で、予想通り、来るべきではない子どもがしつこく遊びに来ては、小屋の中の遊びを邪魔していくことになった。何人もの子どもがレンガを投げてきたことには対応しなければならなかったが、そのうちの何人かの男の子と女の子は、帰ろうとはしなかった。

さらにどうにもならなかったのは、来るべき子どもが来なかったことがよくあり、予定の子ども四〜五人が中にいる一方で、外で一二〜一五人の子どもが「中に入れろ」と叫んでいる馬鹿げた状態になっていたことだ。結局、私たちは計画を変更し、決められた子どもがいない時には、他の子どもを入れるようにした。

今では、どの子どもも入れるようにして、八歳未満の子どもは六時三〇分になったら帰すようにした。どの時間帯も、遊び場小屋には予定以上の数の子どもがいて、一五人どころか、三〇人近くもいることがよくあった。結局、場所を広く取る遊びや、比較的静かにしなければならない遊びはできなかったが、子どもは、木工やお絵かき、ペンキ塗り、様々な種類の手作業に熱中していた。

決めなければならないのは、小屋の中に入ってきてしまう子どもたちに対応するかどうかの問題で、普通の建物では考えられないような難しい問題だった。子どもを週一〜二回入れるのか、遊び場にいる時には入れるようにするのか、遊びが制限されても、大人数でがまんするのか。これが今の状態だが、これ以上できることがないというのが悔しい……ただ、これが今のところ、実際の活動に一番合っている。」

二週間後の一二月一二日、彼は次のように書いている。

「決めた人数制限を変更することにした。一二月五日からは、男の子だけの日を二日、女の子だけの日を二日、男女一緒の日を一日作ることになった。八歳にならない子どもは、引き続いて六時三〇分には帰すことにした。この取り決めは、先月に報告した元の案よりもうまくいった。『中心』になっている子どもは、男の子も女の子も別の日に顔を出していたが、外で深刻な騒ぎを起こすことはなかった。この問題に対処する方法を考えてきたが、子どもに注意する以上に、私たちが特に積極的に動くことはなかった。」

この遊び場に関係して、他にもう一点だけ気にしておかなければならないことがある。前にも触れた、政府中央情報局に出された手紙には、

「遊び場は、当初『セントルーク廃材遊び場』として知られていたが、『ローズマリー遊び場』とすることになった。というのは、この地域では『廃材』という言葉が、『いらなくなったもの』ではなく、『ごみ』として受け取られていたからだ」

と書かれている。

この遊び場の活動から学ぶべきものはあったが、残念なことに、他の活動のためにこうした経験を集約できるような全国規模の団体は存在していなかった。開園から三年が過ぎた一九五一年、委員会の資金は限られ、連携して活動する団体もなく、この期間に得た知識を伝えていくことは未だにでき

ていなかった。そして、その点に興味を持っている人は誰もいなかった。

一方で、わずか四～五マイル離れたケンジントン北地区にあったクライズデール委員会は、まさにこのような遊び場を二年間、積極的に求め続けてきたが、その年に次のように書いている。

「廃材遊び場は、イギリス国内にも存在するところがあるようだが、実際に活動しているところは一つもないようだ。従うべき手本もない状態で、委員会は独自の考え方を作り上げ、開拓精神を持って現実問題に対処していかなければならない。*5」

＊1　著者への手紙（一九五九年）
＊2　Danish Outlook, Vol.IV, No.1, 1951
＊3　ロンドン南東地区
＊4　ロンドン南部地区
＊5　Clydesdale Road Playground Report, 1952

2 ケンジントンからミネアポリスまで

クライズデール遊び場は、一九五二年の初めに開園した。その年の終わりには、四ページの小さな報告書が出され、

「この試験的な遊び場は、利用者が自由に遊びを展開して終わった」

と、記されていた。

ここでも再び、学んだ教訓について見ていきたい。敷地は、六分の一エーカー[*1]の広さで、一九四九年には、他の空き地と同じように、完全に放置されていた場所だった。つまりこの場所は、子どもを除いた誰からも無視されていたのだった。

「夏のある夕方には、がらくたや壊れたレンガ、がれきの中で、六〇人もの子どもが、自分たちで遊びを作り出しながら遊んでいた。」

一九四九～一九五二年の間は、この土地の五人の地主を探し出し、地元の住民を訪ね、委員会を組織して、資金を稼ぐことに使われた。一九五一年には借地契約が結ばれ、地元の行政は、囲い作りという重要な部分に貢献することになった。

遊び場の開園前には、

「この遊び場は五～一〇歳を対象としているが、それ以上の子どもも、それ以下の子どもも遊び場に入りたがった。結果として、遊び場はかなり異年齢の子どもがいても対応できることがわかった」と、書かれている。

今となっては、日誌やその他の記録は手に入らないが、報告書自体にはさらにいくつかの情報が載せられていた。

「工具をめぐってのケンカが特に多かったが、危機的な状況になることはほとんどなかった。」

「深刻な摩擦もなく、これだけの遊びが展開されていることに、大変驚きを覚える。一番年齢の低い子どもたちは台車に乗って坂を下ったり、棒やシャベルで穴を掘ったりしている。年上の子どもは、発掘遊びや大穴掘りに熱中していた。女の子たちは小屋の周りでままごとをしていて、様々な子どもが板に釘を打ち付けたり、たき火をしたり、レンガ造りの椅子を作るリーダーを手伝っていた。」

次の年の年度報告書では、「遊び場の大規模な作業を通して年上の男の子たちを惹きつけた前年よりも、子どもの平均年齢は下がっているように見える」と、委員会は報告している。

そして、「より複雑な作業に自分の居場所を感じる段階の子どものために、さらに動いていかなければならない」と、結論付けている。

この遊び場は一九五五年まで続いたが、開園していたのは、夏の間と夕方が明るい時期だけだった。一九五三年一月三一日までの一八ヶ月間の領収書と支払いの記録を見ると、全収入は二八八ポンド、支出は一八七ポンド、そのうち、一〇八ポンドがリーダーの給料に充てられている。この記録では、支出が文房具、交通費、道工具費、場の改良・維持費などに分けられており、このような遊び場を毎日開園するために必要な費用を示した初めての資料となった。

このカンバーウェルとクライズデールでの取り組みは、大きな価値を持つものとなったが、互いの場所は地理的にも近く、時期が重なっていたにもかかわらず、典型的なロンドンの悪いところが出て、互いの活動を知らないまま終わってしまったようだ。地元新聞はもちろん、時には全国紙が、自然と出てくる人間味のある話を求めて遊び場を訪ねてきたが、それ以上の細かいことへの関心は薄く、記事としても好まれるものでは決してなかった。

三番目の遊び場は、行政の公園課によってレイアウトされ、資金も提供されたが、廃材遊び場のあり方を間違って考えていたか、あえて型にはまったものを作ろうとしていたかのどちらかだったようだ。

一九五三年一一月二七日のケンジントン・ニュース紙は、「イフィールド通りの廃材遊び場、失敗に終わる」という見出しを載せた。このレポートでは、遊び場にはスカンメル社のトラクターやリヤカー、丸太、古い電柱、コンクリート製の大きな下水管、小屋や秘密基地に使えるような古い金属のカバーなどがあったが、今では保健所によって管理されていると説明されていた。

このレポートに掲載された行政への手紙の中で、全国運動場協会は、廃材遊び場は次のものを備えていなければならないと指摘している。

1　遊びのエリアが一・五～三エーカーあること

2　建築遊びのための適切な材料（材木など）があること
3　判断力のあるリーダーシップを持った大人が見守れること
4　独立している、きちんとしたトイレがあること
5　飲料水があること
6　道具を管理できる小屋があること
7　起伏のある地面であること

同じ手紙の中では、「イフィールド通りの遊び場では、どの条件も満たしていなかった」と、記されていた。ただ、大切なのは、誰がこのような遊び場を計画していたかではない。おそらく、遊び場の準備が、クライズデール遊び場の活動期間と重なっていたということと、クライズデールはイフィールド通りから四マイルしか離れていなかったということだ。[*2]

こうした状況であるにもかかわらず、廃材遊び場の考え方は広がり続け、三〇〇〇マイル離れたアメリカのミネアポリスでも、一九五〇年にマッコールズ・マガジン社がスポンサーとなった、同様のプロジェクトが見られた。

マーガレット・バリー・ハウスと呼ばれるコミュニティセンターが主体となって行われたこの活動の狙いは、「遊びの中で、子どもが生活のプロセスを学べるような、創造的な遊びを仕掛ける」ことにあった。このミネアポリスの遊び場での経験は、冒険遊び場を考えるときに適切なものだろうか。

ミネアポリスは大西洋の反対側にあり、遊び場自体も、活動が終わってから長い期間が過ぎている。そして、客観的な調査研究も見つかっていない。この遊び場の経験から見えてきた疑問は、答え

が見つからないままだ。それでも、入手可能な印刷物からは、無視することのできないいくつもの点が示されている。

「ザ・ヤード」と呼ばれていたこの遊び場は、「児童と青少年に関する二〇世紀中期ホワイトハウス研究集会」に協力していたマッコールズ・マガジン社が、一二ヶ月にわたって単独で資金協力して開園した。敷地は地元の教育担当課から借り受け、スタッフとして常駐一人と臨時アシスタント二人が配置された。そして、全員がレクリエーションリーダーのトレーニングを受けていた。

この「ザ・ヤード」の背景にある考え方は簡潔だ。それは、「子どもに自分たちだけの土地と豊富な道具を与えて、好きなように穴掘りや小屋作りをしたり、新しいものを作り出せるようにすること」だった。マッコールズ社の一九五〇年一〇月号の記事には、さらに準備や子どもの様子、周辺のコミュニティからの反応などが、いくつかの問題と一緒に載せられている。

「ザ・ヤード」には、道工具、廃材、レンガ、タイル、ペンキ、釘、そしてあらゆる種類の中古品が用意されていた。八～一六歳の子どもは、一〇×一六フィート分もある材木を大量に自分たちのものと主張して、小屋にしたり、砦やトンネルを作ったり、その他、骨折や命の危険には至らない程度に様々なことをしていった。材料の問題について、この記事の筆者は次のように書いている。

「ザ・ヤードが開園した当初、誰もが自分たちで楽しみを見つけていた。最初に用意していた廃材は、ストーブの上に乗せた氷のようになくなってしまった。子どもたちは、自分たちで運べる限りのものを運び、短い材木を手に入れるために、長い板をのこぎりで切っている。

何人かは、秘密の場所に隠された工具や材料に群がり、誰もが最短の時間で一番大きな小屋を建てようとしていた。リーダーは、減っていく材料を見ても何も言わない。そして、何もかもがなくなった。廃材の木切れ一本さえも残っていない。そのため、半分しか出来上がっていない小屋が襲われたりした。文句や口げんかが出始めて、何人かの子どもは帰ってしまった。

けれども、材料不況の二日目には、ほとんどの子どもが誰から言われることもなく結束して、廃品回収に動き始めた。すると、隠れた道具や釘が出てくるようになった。そして、一人で小屋を作ると主張していた頑固な個人主義は壊れ、他の子どもを仲間に入れて材料を一緒に運んできている。女の子たちも、男の子たちのように小屋作りを計画して建設できることがわかる。子どもにとって、小屋は家だ。実際の小屋作りは始まりでしかない。小屋を作り終わると、絵やカーテンを付け、『訪問ごっこ』をしている。」

小屋作りの材料は定期的に届いていて、地元紙も好意的に報道してくれていた。そして、この遊び場への援助は、一年を通して継続された。これは、組織委員会が、軍隊のような効率の良さで準備戦略を進めていったことが大きい。また、遊び場には、すべての宗教団体や市民グループから代表者が集まったほか、多数の商工業者からの積極的な援助があり、地元の工場や労働組合からも見守られて、地元の親も熱心だった。

「この活動自身が証明しているように、ザ・ヤードは地域で運営されている必要があった。開園前、近所のPTAは全会一致で遊び場を承認し、計画や運営を助けるために、住民が独自の市民委員会を作っていた。それに加えて、主な教育者やソーシャルワーカー、精神科医、行政の人たちが月に一回の会合を持ち、スタッフへのアドバイスや長期にわたる遊び場の取り組みを評価した。」

残念ながら、ここでの評価は、入手可能な形になることはなく、現在も見ることはできない。代わりに、この実験的な遊び場の終わりに、「遊び場ブックレット」が発行された。その中には、組織や運営、会計、敷地と施設、フェンス、小屋とトイレ、スタッフ、資材、道工具についての情報が記されていた。

けれども、遊びや子どもの行動パターンを深く調べた様子はない。「どの年齢層に小屋作りが人気なのか」、「小屋作りをしないグループは、どのような遊びをしていたのか」については、何も書かれていない。ただ、いくつかの質問への答えは想像できる。

なぜ、合衆国のどこであっても実験できる豊富な資金がありながら、ミネアポリスが、「この州で最も素晴らしい公園と学校システムを持つ進歩的な都市」という位置付けをされてしまうのだろうか？ さらに言えば、なぜ、遊び場は、明らかにスカンジナビアのルーツと文化的パターンを持つ、このアメリカのコミュニティに引き継がれていったのだろうか？*3 ミネアポリスを有名にした消費者生協の数の多さは、ザ・ヤードの組織作りにどの程度関係しているのだろうか？ 材木は重要な産業になっているが、これがどの程度、遊び場の資源となっているのだろうか？ マッコールズ社が報告した遊び場の成功は、材料の供給元から遠く離れ、さらに都市化している人口の多い工業地帯でも期待できるものだろうか？

今、分かっていることのすべては、こうした実験的な遊び場が、少なくとも、その後一〇年は繰り返されることはなかったということだ。マサチューセッツ州ボストンで働く若い英国人建築家が、六〇年代初めに、さらに地域に根ざした遊び場を作り出すまで、市当局はこの実験的な遊び場を疑いの目を持って見続けていた。ニューヨークの貧しい地域でも、夏休みの間だけの冒険遊び場が二～三つ見られる。けれども、資金援助や人々の関心は、未だに、コンクリートと鉄で新しく作られた遊び場の方に向けられていた。にもかかわらず、イギリスから見れば、「ザ・ヤード」は、コペンハーゲンに続く、もうひとつのサクセスストーリーだ。

一九五二年一二月、タイムズ紙は、青少年犯罪についての記事を載せ、これに対してアレン夫人[*4]が寄稿している。

「市当局の遊び場は、多くの場合、軍の練兵場のように寒々として退屈なものです。たき火をすることもできず、高価なアスファルトの地面に穴を掘れば、すぐに家庭裁判所行きです。小屋を作るレンガや板もなく、木工作や機械いじりをしたり、絵や彫刻を製作するアトリエもなく、もちろん、登れる木もありません。私の知るかぎり、ロンドン全体だけでなく、この国には九〜一五歳の子どもの問題解決につながるような遊び場は、ひとつもないのです……」

こののち、公の場が用意され、意見や情報の交換が始まることになった。ある情報にはクライズデール遊び場が紹介されていたものの、ケンブリッジハウスからの情報には、不思議なことに、カンバーウェルでの体験について、まったく触れられていなかった。

この一連のやりとりは一二月二九日に終了し、「関心のあるすべての人を会議に招待して、意見を交換したい」という、全国運動場協会理事長であったルーク卿の提案によって幕を閉じた。その三十数通の情報の中でも、次の二通が当時の一般的な体験や立場を表していると思われる。

1　（個人より）「……かなりの努力をしましたが、貧困地域に子どもの遊び場を作る試みは、失敗しました。一方で、潤沢な資金と都市計画や住宅計画で武装した人々に勝利を奪われたのです……」

2
（コーラムフィールド＆ハームズワース記念遊び場より）「……コーラムフィールドの敷地レイアウトは、スポーツ用コートをできるだけ入れて欲しいという要望もあり、どこか堅苦しいものになってしまいました。そこで昨夏、私たちは、解体されたホールの場所を廃材遊び場に割り当てることにしました。そこへ遊びにきた八～一三歳の男の子たちの反応には、驚くべきものがあり、満足の行くものとなりました……」（このエピソードは、ホールの再建で終わっている。）

一九五三年二月に開かれた会議では、すぐに結果が出るようなものはほとんどなく、様々な意見の発表があり、考え方に混乱があり、様々な方法や手段を探るための見込みなどが話された。ある人は、「自由な遊びは、大人のいない遊び場にこそ存在する」と話していた。

その一方で、「廃材遊び場はシンプルで、できるかぎり大人の監督が少ないからこそ、受け入れられる」と考える人たちもいた。

また、コペンハーゲンから最近戻ってきた別の参加者は、

「私たちが関わる子どもたちは、大人がいてもそれほど従順ではないよ」

と、うれしそうに話すのだった。

これに続き、「遊具に対してではなく、大人を置くことに対してお金をかけることを考えるべきだ」という提案が出された。そして、遊び一般についての発言があった。

「ロンドン市の計画では、公園については二〇～四〇年先の計画が予定されているが、子どもの遊

び場については何の準備もない」ということが指摘された。同時に、ロンドン市議会は、「実験的な遊び場の考え方に関心を持っている」と述べた。ただ、いつものことだが、どの方向へ進んでも、一番大きな障害となるのは予算だった。そこで、全国運動場協会は、元手となる補助金を支出するという方法で、ロンドン市議会の計画を考慮することを約束した。

また、バーミンガム教育当局の代表は、全国運動場協会の仕事に敬意を表しながら、市内で六つの常設の遊び場が援助を受け、現在、実験的な「冒険」遊び場の取り組みを考えていると述べた。この「冒険」という言葉は、多くの場合、遊んでいる子どもが求めているものを表すものとして使われてきたが、遊び場自体を表すために使われてきたことはなかった。この時にも、こうした使われ方は認識されておらず、会議の記録にもオリジナルの用語である「廃材遊び場」が使われ続けている。

名前は大切だったのだろうか？　それから六年が経ったのち、この点について、コペンハーゲンの遊び場の最初のリーダーであったジョン・ベルテルセンは、次のように語っている。

「廃材遊び場は、『荒れている』という特徴で語られるべきではない。廃材遊び場は、見た目がよく、行儀のよいことばかりを求め続けてしまう町の暮らしにあって、子どもにとっての安全弁として語られるべきだ。こうした遊び場を別の名前で呼んでしまうことで、大切なものが失われてしまうのではないかと思う。つまり、子どもが壊すことや、廃材を使って遊ぶことへの意味付けが失われてしまうのではないかということだ。[*5]」

実際に、新しい名前が新しい意味を持ち込んだことは、すぐに明らかになった。このことは、最初の会議から八ヶ月たったのちに、全国運動場協会から送られた手紙に含まれた次の定義によく表れている。

「創造的、または廃材遊び場」　主に空き地にあり、レンガや材木、様々な材料を子どもが使うことができ、城壁や砦を作るなどの想像力を働かせて、創造的な表現の機会となる。

「自然冒険遊び場」　整備されていない、起伏に富んだ場にあり、たいていは雑然とした石切り場や整地されていない場であるが、自然が残されている。子どもは、倒れた木の切り株で遊んだり、小さな丘やくぼみを行き来して遊ぶ。

こうした定義は、一般から受け入れられることはなかった。そこで、「冒険遊び場」案を考えていた全国運動場協会の運営委員会は、クライズデール遊び場の人たちに、彼らなりの定義を出してもらうように要請した。この定義は、次に開かれた一九五四年三月の運営委員会にかけられ、「冒険遊び場」は、道具や素材を使って遊ぶことができる場で、想像的で自然の素材を持つような遊び場とは別の名前で呼ぶことが了解された。

一九五四年六月のメアリー・ニコルソンのメモ*6には、冒険遊び場についてのより正確な評価と定義が含まれている。

ここでは、リーダーシップが重要な側面として見逃せないものとなっている。

「冒険遊び場は、敷地のうちのほとんどが、子どもの発明による遊びで展開される。そして、様々な道工具や材料が提供され、力量のある親しみ深い大人の援助に子どもが頼ることができる……」

ただ、定義がどうであれ、一九五四年に全国運動場協会が二つの遊び場に、それぞれ二年間の開園資金とリーダーの給与への補助金を決定したことで、この運動は実質的に一歩を踏み出した。そのうちの一つはイギリス北部、もう一つはイギリス南部となった。

＊1　一エーカーは、約四〇四七平方メートル
＊2　一マイルは約一・六キロメートル
＊3　Minnesota - The Story of a Great State by Maude L. Lindquist and James W. Clark; Scribner, New York
＊4　Lady Allen of Hurtwood（ハートウッド卿アレン夫人）のこと。三七ページを参照
＊5　筆者への手紙（一九五九年）
＊6　全国運動場協会謄写版（一九五四年）

3 リバプールにて

すでに遊び場への意識が高かったリバプールは、全国運動場協会の助成を最初に受け入れた場所となった。大学は施設の拡張をしているところで、遊び場は大学のセツルメントに隣接したラスボーン通りに作られることになった。ただ、人口密集地域に今も残っているこの遊び場は、鉄パイプのゴールポストがある小さなサッカーコートと、すべり台、ブランコが二つ、回旋塔、シーソーが置かれ、コンクリートで固定された救命ボートが砂場として使われており、リーダーは存在していなかった。

一九五四年当時、地域のほとんどの青少年福祉関連の団体、地元教育委員会、青少年非行防止委員会から支援された運営委員会は、冒険遊び場の部分を含む境界線の拡張を承認された。そして、その年の夏の初めに常駐の女性リーダーを雇い入れ、活動の形は整い始めた。

一九五四年七月一〇日

トラック一杯分のレンガが到着。子どもは小さな家やお店、お城などを作り始めた。何本かの丸太や樽が送られてきたが、フェンスがまだ完成していないので、近所の裏庭に保管しておく。子どもが遊び場を出て、それらを道に向かって転がしてしまわないようにするためだ。

一九五四年七月一七日
あらゆる種類のお店や家、秘密基地が作られている。

一九五四年七月三一日
雨風をよける場所や物置のスペースが明らかに必要だ。

一九五四年八月七日
フェンス完成。線路の枕木は、トタン板を屋根にして「砦」を作る年上の子どもに、とても人気があることがわかった。

一九五四年八月一四日
物置とカウンターのあるお店が出現した。今までの中では最先端を行くお店だ。

一九五四年八月二一日
「掃除の夕べ」を企画した。子どもが遊びを再開するまで、遊び場はとてもきれいに見えたが、すぐにも、すべてのものが散らかってしまった。

この期間の最後に、遊び場運営委員会の代表をしていた大学セツルメントの所長は、報告書の中で、「ちょっとした廃材やレンガの持つ想像性から生まれるような、単なる一時的な遊びとは反対に、創造的で発展的な営みに向けて全力を挙げる時期が来ている」と書いている。

五ヶ月後、新たな報告書の中では、子どもは文字通りすべてのものを塗っていた。そして、「さらに多くの建物が見られる。お店、家、インディアンテントなど。同じように、救命ボートの上に船室が建てられていた」と書かれている。

けれども、この時期に関係するファイルの中にあった通信を見ると、冒険遊び場が何を意味しているのかについて、遊び場の運営責任者の間で見解が一致することは決してなかったようだ。子どもの創造力を引き出すコンクリートブロックを例に挙げて、冒険については繰り返し述べられてはいたが、子どもが廃品を使うことについては快く思われていなかったようだ。そして、委員の一人は、「火については、一一月五日*1など、適した時期だけに使用を限るべきだ」と書いている。

ただ、どのような視点から冒険が解釈されていたとしても、ラスボーン通りの遊び場は、冒険遊び場作りや、設立の土台となった考え方、その社会的背景、成功点と失敗点、考え方の偏り、プレイリーダーの役割や運営委員会の仕事などについて、客観的に検証していく初めての例となった。

マンガ雑誌と廃品置場を掛け合わせたような冒険遊び場は、伝統的なレクリエーションのあり方から見ると、少数の過激な考え方を持つ人たちの集まりという存在に過ぎず、教育家や行政職員、ソーシャルワーカーの中には、必然的な混乱状態や雑然さ、汚さから反対する人もいた。

これはすべて、私たちの文化の中の「若者と大人」、「子ども時代と成熟」との間の溝の深さから生まれたものだ。子どもは、秩序のない状態を好み、その中に見えない秩序を見出そうとする。ほとんどの大人は、そういったことを嫌う。そして、子どもは、汚れることを一番気にしない存在だ。けれども、ほとんどの大人は、そういったことを毛嫌いする。

「子どもは、遊びの材料には見えないようなものから楽しみを見つけ出す。たとえば、それはブリキの缶や牛乳ビンのふた、割れた石板、土、燃えかす、薪といったものだ。大人の心は、こういったものを廃品やごみとして考え、むしろ、既製品のおもちゃや舗装された水平な場所、ブランコ、回旋塔といったものを望んでいる」と、メイズ教授は言う。

それに付け加えて、次のように述べている。

「冒険遊び場は、昔からあるタイプの遊び場に取って代わるものではない。つまり、都市の子どもが失ってしまったレクリエーションのあり方に対して、損なわれたビタミンを補給する手段のようなものだ。別の引用を要約すれば、冒険遊び場の背後にある考え方は、人類の歴史と同じ長さで遡ることができ、子ども時代そのものと言ってもよいくらい根源的なものだ。ものを作り、即興性を発揮し、作ったものをまた壊すといったことは、普通のどの子どもの興味も惹きつける原始的な行動だということが強調されている。」

ラスボーン通りは、そういった要素を多く持つ場所であり、遊び場としてすでに知られているエリアに広いスペースがある。けれども、地面は大きなマイナス面であった。そこは、以前に家が建ち並んでいた場所で、土の部分がほとんどなく、レンガのほこりや割れたガラス、廃品などが、砕かれた燃えかすで埋められていたのだった。乾燥している日には、ほこりが舞い上がり、雨の日には厚みのある泥プールになった。経験から言えば、六フィートの金網では、フェンスとしては不十分だった。転がされたタイヤや樽が常にぶつけられている状態では、フェンスが立っていることができないためだ。トイレがないのも、大きな壁となった。

最初は、あらゆる種類の廃品が豊富にあった。角材、丸太、板材、木片、樽、古タイヤ、ブリキのドラム缶など、ほとんどのものは消耗品で、あっという間に使われてしまった。倉庫が不足していることもあって、バケツ、シャベル、鍬、ロープはどこかへ行ってしまっていることも多かった。

とある会社から大量の裁縫用紙が寄付されて、コンクリートのすき間に貼り込まれた。そこは、反響室や隠れ家、交番、読み聞かせセンター、そしてトイレというように、子どもたちにとても人気のある場所へと変化した。また、動かなくなっている船やトラック、車がずらりと並んだ場所は、最も激しい襲撃を受けることになった。

路面電車の枕木は、それとは正反対の効果を持っていたようで、地面に穴が掘られ、そのまわりを囲む防御柵のように置かれていった。この場所は刑務所として使われたり、何人かの子どもにとっては、密かにトランプができる場所となっていた。

この遊び場のすべてのエリアは一年を通して開園していたが、冬の夕方のための照明や暖房、十分な広さの屋内施設は用意されていなかった。その結果、夕方が暗い季節になると、子どもは近所のセツルメントや集会所に行くように勧められた。財政面とは別にして、運営委員会がこの問題（自由な遊びや、建築・破壊といった要素を屋内に持ち込むかどうか）について話し合いをした形跡は、メイズ教授からは示されていない。

小屋作りや外での遊びは、〈ボンファイヤー・ナイト〉[*2]の頃には終わり、冬の遊び場は、主に週末や学校の休みの期間に開園していた。このこともあって、冒険遊び場は「季節的」なもので、常駐のプレイリーダーを毎日確保する必要はないと、メイズ教授は結論付けている。

「翌年のイースターには、多くの子どもが戻ってきて、遊び場は再び活力を取り戻した。そこは、遊具を塗ったり、レンガの表面に加工したり、石を並べたりする『労働者』で埋まり、他の子は石蹴りやサッカーに興じて、遊び場全体が明るくなった。冒険遊びエリアでは、子どもがたき火をしたり、廃材で小屋作りをしたり、公園課から手に入れた大量の間伐材でテント小屋を作っていた。

しかし、一九五五年には材料が前年と同じように手に入ることはなく、結果として遊びの展開も継続することはなかった。夏の終わりには、最初に遊び場に集まっていた多くの子どもたちにとっても、明らかに目新しさがなくなってしまったようだ。しばらくの間、子どもたちは廃材を使って、小屋やインディアンテント、地下の秘密基地などを作って遊んでいたが、それらはカウボーイごっこや「警察と泥棒」といった遊びの舞台となっていた。女の子は、石を使って小さな家を作ったり、お茶会やお店を開いたりして楽しみを見出していた。

イースター休暇の時には、一五歳までの子どもの誰もが色塗りにはまっていた。そこには乳幼児も総勢で参加していたが、一一歳を越えると、その興味が失われるのも早かった。この段階になると、年上の子どもたちのエネルギーに応えるだけの、より熟練を必要とするものが求められているのは明らかだった。

ニューブライトン[*3]への遠足、公園や移動遊園地、映画などとの激しい競争が展開されているのを感じる。プロジェクト全体を元気にさせ、年上の子どもたちの興味を復活させるには、材料、特に木材を豊富に用意し、道工具をきちんと揃えるしかないという時期に来ていた。けれども、どの必要条件も手元にはなかった。」

子どもの動きについて触れている中で、「この近辺では、全体的に、創造的に遊ぶことに慣れていない」と、メイズ教授は書いている。けれども不思議なことに、材料が豊富にある時の子どもの遊びについては、彼のコメントは矛盾するものとなった。

ラスボーン通りの遊び場では、リーダーが変わってしまうことに悩んでいた。女の子たちは、女性のリーダーを好む。それは、彼女たちが秘密を打ち明けることができ、遊び場で何をして遊ばなくとも、個人的な関係を楽しめるからだ。反対に、男の子たちは遊び場自体を楽しむ。彼らにとって、リーダーとの関係は二の次だ。

一方で、女性のプレイリーダーから提案が出されると、それがお年寄りであっても、男性は「とても嫌がる反応」をすぐに示すのが常で、秩序を守ることはいつも問題になっていた。けれども、女性が責任者になっていることがどれだけの影響を及ぼしているのかについては、「予測不可能」だった。そして、報告書には、「もし、プレイリーダーが男性だったならば、アメとムチを使い分けながら、いい競争相手にはなっていたかもしれない」とあった。

理想的なプレイリーダーの素質について、メイズ教授は、彼女たちの仕事を二つの面で際立たせている。それは、「遊び場にいる子ども」に対する仕事と「家で過ごしている大人たち」に対する仕事という点だ。メイズ教授も、この点へのアプローチについて、プレイリーダーは類まれな技術を持ち、例外的にたくましいエネルギーが必要とされることを認めている。

この時期（一九五四／五五年）、二人の女性プレイリーダーは、どちらとも、この二つの面で十分なレベルに達していた訳ではなかった。最初のプレイリーダーは、材料を集めたり、遊びを仕掛けたり、遊び場での決まりごとや秩序を守ってきたという点で成功を収めていた。これは間違いなく、彼女の遊び場での仕事によるものだった。反対に、二番目のリーダーは、遊び場での仕事に耐えがたい疲労を感じていたが、運営委員会での仕事や、第三者を必要とするような問題を抱えた親や子どもとの個別のやりとりなどでは最も力を発揮していた。

リーダーが変わることについては、「継続性を完全に破壊してしまうという点において、損害は非常に大きい」と、メイズ教授は報告している。そして、この遊び場での経験の結果、「この二つの点へのアプローチは補完しあうもので、どちらも必要なものだ。そして、どちらが欠けてもうまくいかない」という結論に達している。こうした「特異な才能を併せ持った人物」探しは続けられることになったが、その方法としては、「このような能力は、複数のリーダーシップがあって初めて可能になる」ということを認めざるを得なかった。

遊び場に来ていた子どもの中で、いつも必ず来ている子はほとんどいなかった。最もよく顔を出していたのは幼児で、年上の子どもは退屈になると来なくなったり、他の面白いものを求めてしばらくいなくなる時期があった。

また、遊び場に来る子どもには、時間帯や季節によって現れる一定のリズムがあった。春が進んだ頃、涼しい夏の日、秋の早い頃、特に学校が休みの時は、最もよい時期だった。土日は静かで、子どもは家の仕事の手伝いやお遣い、早朝映画や教会に出かけたり、単純にベッドでごろごろしていたりするようだった。

遊び場の運営委員会は、参加も継続も本人次第という形を取っていた。メンバーは、学校の先生や教会の人、ソーシャルワーカーといった人たちで、地元の人は誰もいなかった。ただ、そのことが特に望ましくない状況であると感じられてはいなかったようだ。そして、地元の人たちは、親たちを組織の一員として入れることには疑問を感じていた。つまり、親たちが何がしかの責任を担ってしまうと、「大きな顔をしている」と、彼らが責められてしまう可能性があり、それが遊び場での仕事や地域自体に影響してしまうだろうということだった。

けれども、冒険エリアができてから一二ヶ月後には、二番目のリーダーが親の会を作ることに成功している。この会の目的は、遊び場を現場レベルで援助することだった。これは、リーダーが資材を調達できるような場所に連絡を取ったり、遊び場を見守ったり、各ミーティングの終わりには遊び場基金に一〇シリングのカンパをしたり、というように機能した。

この親の会は、子ども委員会よりも、ほぼ一年も先立って始まることになった。一方の子ども委員会は、簡単に結成されたものの、維持していくことにかなりの難しさがあった。男の子たちは、責任感よりもお互いへの忠誠心の方が勝っていて、冒険遊びエリアを最も使っていたのは男の子たちだったにもかかわらず、委員会はほぼ女の子たちの仕事によって機能していった。男の子たちの運営に対する興味のなさは、この地域の特徴でもある一般的な大人の態度と密接につながっていると考えられる。

メイズ教授は、報告書の最後のまとめとして、「遊び場作りの中心的な論点のための材料は十分に集まった」と結んでいる。

そして、「道工具や材料、大人の関心やアドバイス、援助があれば、子どもたちは遊びを作っていくことに没頭するだろう。子どもたちは、その手や目を使ってものを作り、何かを建て、材料を取りに行き、運び、絵を描き、穴を掘ったりすることで満足を得る。また、『資材の準備が不十分で、備品の管理がひどく、技術を持ったインストラクターが不足し、物を管理する場所がほとんどない』場合には、遊び場は失敗に終わるだろう」と、指摘している。

「遊び場の運営や実践の弱さの多くは、資金不足や周りからの認識不足によるものだろう。一時しのぎの状態では、将来はおろか、今現在の計画を立てることも難しく、そのポストがきちんと保障され、本当の意味で育つ可能性のあるリーダーを確保することもできないだろう。そして、今以上により良い遊び場が組織されるまでは、一時的なその場限りのもの以上は見込めないだろう。」

メイズ教授は、最後の言葉として、リバプールだけでなく、すべての運営委員会、プレイリーダー、そして何よりも、すべての子どもたちへのメッセージを残している。

「リバプールや他の町での遊び場運動の未来は（中略）バランスにある。十分な数の人たちが、この仕事の価値を信じているわけではない。この仕事の専門技術については、まったく知られていない。そして、遊び場の広がりを受け入れる準備ができている人の数はあまりにも少ない。公共の精神を持った個人や地元の熱心な人たちが集まった小さなグループは、資金調達はおろか、複雑に入り組んだ行政上の仕組みの中で道を見出すことができず、この極めて大切な仕事を実施できずにいる。市行政からの完全な援助を受け、住民と行政組織が対等なパートナーシップを組んで作られた運営組織だけが、たくさんの問題を解決するプログラムを実践する望みを持つことができるのではないだろうか。」

ここで、リバプールについての大きな情報元となったメイズ教授の著書『遊びにおける冒険』から離れる前に、リバプール市ソーシャルサービス局長のレックス・ホッジズ卿によって書かれた序章について触れておきたい。

「ソーシャルサービスの一端としての遊び場の成功は、全国運動場協会から出された最初の二年間の補助金の継続を、リバプール市教育委員会が了承したことにあります。また、実践調査としての成功は、リバプール市当局が公園および庭園委員会を通して、『スウェーデン型』の遊び場をレイアウトし、運営することにつながっております。リバプール市ソーシャルサービス局では、遊び場運営者とプレイリーダー三人の雇用のために、数千ポンドの資金を用意しております。」

メイズ教授の示す「廃材遊び場」と、ストックホルムにあるような「冒険遊び場」との間の重要な違いについて、「後者は、砂場遊びや水遊び、建築遊び、ブランコ、回旋塔などのエリアが丁寧に区画され、ボール遊びのエリアまでも含んでいる」と、レックス・ホッジズ卿は指摘している。

実際に、それは当時のこの国で見られるどの遊び場よりも進んでいたとは思われるが、スウェーデンの遊び場のほとんどは、形式的なものになってしまっていたと言ってもよいだろう。遊具や遊び場に置かれているものは、おそらく私たちの国のものよりも想像性にあふれたものだろうが、子どもたちが遊びの中でそれらを動かしたり、作り変えたりすることができないことに変わりはない。芝生やアスファルトのエリアは、私たちの遊び場と同じく、きれいで整然としている。

ただ一つ本当に違うのは、「建築エリア」だ。これだけは、私たちの国にも同じようなものは見つけることができない。そこでは、木のブロックが地面に積み重ねられて、家やお店が工具も釘も使わずに作られている。毎日、それは最後に崩されて、特別に作られたケースにしまわれ、開園している時には、そのケース自体もお店として使われるのだ。けれども、建築遊びは、保育園にある「幼児のためのレンガ」といった、プレイルームのレベルに縮小されていて、シャベルやかなづち、のこぎり、材木を使うことは許可されていなかった。

ここに矛盾はないだろうか？　リバプールは、ベルテルセンの言っていた「落とし穴」にはまってしまったのだろうか？　つまり、「廃材」という言葉を取り除いてしまったことで、遊び場から廃材自体が取り除かれ、それゆえに創造的な遊びが取り除かれることにつながってしまったのだろうか？もしくは、廃材なしで建築遊びを発展させられる可能性があるというのだろうか？

私が初めてリバプールを訪ねたのは、一九五九年八月の二週目で、学校の夏休みが始まって二週間という時期と重なっていた。この間、私はソーシャルワーカーや行政官、教育委員会、警察の渉外担当者、プレイリーダーなどの人たちと、多くの率直な（それほどでもないときもあったが）話し合いをすることができた。子どもたちは休みに入っていたので、一日のいろいろな時間帯に遊び場を観察し、比較することができた。この時には、市内にあるたくさんの遊び場を訪ねることができたが、ここでは、関係する二つだけを紹介したい。[*4]

訪ねた遊び場の中で最も興味深かったのは、ラスボーン通りでの実験の結果として、初めて行政によって作られた「ウィットリーガーデン冒険遊び場」という新しい遊び場だった。もし、あの取り組みの結果が報告書で明確でなかったとすれば、このウィットリーガーデンを見ればはっきりすることは間違いない。この場所は、公園庭園局が計画をし、予算を付け、維持されていた。この新しく複合的な遊び場は、広々とした空間にお金のかかったレイアウトが施され、今までに訪ねた他のどの行政の遊び場よりも様々な遊びができるようになっていた。

丘の上にある遊び場の一番上のスペースには、サッカーやホッケーのコート、その他のボール遊びのための小さな場所があった。そして、広く区切られた普通の遊び場スペースには、ブランコ、すべり台、シーソー、ロングホップ、ジャングルジム、バランス遊具、回旋塔、くぐりぬけ遊具、石蹴り遊びのための円が描かれた場所、二つの小さな砂場があった。遊び場の低い部分に下りていくと、小さな滝や水遊びのできるプールは、登れるようにデザインされた岩に挟まれていた。気持ちのよい石の階段は、遊び場の上下をつなぐ四~五つのログハウスタイプのウェンディハウスを通り抜け、乳幼児連れの母たちのための芝生のエリアに続いていた。

この遊び場は、おおむね公園局の職員が維持管理をし、リバプールに特有の、公園局の制服を着た警備員が巡回していた。これに加えて、リバプール市ソーシャルサービス局に直接雇用された二人の女性プレイリーダーが、遊びの企画や応急手当を行い、バットやボール、小さい積み木などの管理をしていた。

この遊び場は開園してからまだ三週間しか経っておらず、当然のことだが、初期特有の困難に直面していた。そして、職員はまだフェンス作りに追われていたのだった。子どもたちは、あまりにも秩序立ったこの場所にまだ落ち着かない状態で、茂みの中や立ち入り禁止になっているエリアに入り込んで追いかけっこをしていた。

遊び場自体の目新しさが続いているのは明らかで、誰が見ても、かなりの人数の子どもが遊びに来ていた。一方で、今までは無視されていなかったものが、ここでは完全に無視されているということも明らかだった。すぐに気付くのは、穴掘りや小屋作り、たき火のためのスペースがどこにも見当たらないことだ。こうした遊びは、最も積極的な形で受け止められるものとして解釈されてはいなかった。また、遊び場には、園芸のスペースや、きれいなスウェーデンスタイルの建築用キャビネットもなく、人が集まれるようにレンガで囲った「たき火」の場所もなかった。

そこでは、冒険遊びや子どもが自ら作り出していく遊びは、完全に否定的な意味しか持っていなかった。これは、私が滞在していた間に見られた子どもたちの動きからも明らかになった。それぞれ、遊びは突然に終わりを告げられ、そのうちのひとつは、始めることさえも許されていなかった。

例えば、ホッケーコート（これはサッカーコートでもあった）の上に女の子たちが白線を引きたいと言っているのを聞いて、男の子たちが「自分たちにやらせろ」と騒ぎ始めていた。公園局の職員は、まさにそうした目的のために雇われていたため、「その仕事は自分たちが（それも、とても効率的に）する」と言い出し、男の子たちの激しい嫌悪感を残すことになった。

また別の時には、一一歳の子たちの何人かのグループが、まだ使われていないフェンスの仕切り板が積み上げられたのを見つけ、自分たちでもちょっとした基地を静かに作っていた。こうした遊びは、フェンスが「間違った」使い方をされないように見張る仕事をする（まさしくそうすることになった）人を除いては、誰にも迷惑をかけてはいなかった。

また他の場所では、「ログハウスに光が入りすぎる」という考えを明らかに持つ誰かの手で、（誰の目にも留まることなく）板が窓に打ち付けられていた。遊び場には、子どもが使うことのできる工具やほうきなどはどこにも見当たらず、すべての仕事や清掃は、子どもたちのためにしてあげるものだったのだ。

二人のリーダーの好みは、明らかに一〇歳以下の小さい子どもたちに向けられていた。こうした子どもたちは、常にリーダーの気を引こうとしたり、仕事を面倒にするような遊びを求めていた。

二人のリーダーは、

「興味や求めているものがまったく違う一二～一五歳の子どもたちに向けては、遊び場が提供できるものはほとんど何もないのです」

と語り、

「そうした子どもたちは遊び場の遊具を占領しがちで、間違った使い方をすることに喜びを見出してしまうのです」

と、付け加えた。

公園の警備員もまた、遊び場が、この年齢層の子どもたちに提供できるものは少なく、彼らはすぐにも遊び場から出て行ってしまうだろうと話していた。

私は彼らに、

「外に出て行った子どもたちはどんなことをしているのでしょう?」

と、聞いたところ、

「子どもたちはいつも空き地に遊びに行って、小さい秘密基地を作ったり、かっこよく仕立てたカートに乗っているよ」

という言葉が返ってきた。

ただ、二人のプレイリーダーは、工作に使える材料を手に入れるために大変な努力をしていた。それは、絵を描くための紙や絵の具、人形作りのための新聞紙、裁縫や刺繍をするための綿の端切れやシルク、模型作りのための木っ端などだ。けれども、そのための備品はなく、そうした遊びができる場所は、どこにも用意されてはいなかった。

「六〇平方フィート(五・四平方メートル)の小屋を用意すると約束されている」という答えが返ってきたが、こうした小屋が日暮れの早い暗い夕方に使われる可能性はほとんどないだろう。公園局に管理されるすべての公園や遊び場のように、「ウィッットリーガーデンズ」は、時期に関係なく夕暮れに閉園する。それは、学校に通う多くの子どもにとっては、週末と休日以外に、冬のほとんどは遊びに来ることができないことを意味していた（けれども、結果的には公園局が屋内施設を作り、現在では週六日、朝一〇時から夜七時まで開けている）。

こうした遊び場の状況が、ラスボーン通りの遊び場でたどりついた結論から直接生まれたものなのか、遊び場が公園局の管理下に入ってしまったことによって起きたものなのかは分からない。ただ、公正さを期するために、リバプール市ソーシャルサービス局は、近くの学校の講堂を使って、冬季の遊びスペースが確実に確保されるような取り組みを実施していることは付け加えておきたい。

言うまでもないが、ウィットリーガーデンズ冒険遊び場には親たちのグループはなく、また必要ともされてはいなかった。

おそらく、話は戻ることになるが、結果から原因の方を見ていこう。「ウィットリーガーデンズ」が新しい冒険遊び場ならば、もとの冒険遊び場はどうなったのだろうか。あのラスボーン通りの遊び場は、一九五三年に普通の児童公園としてのスタートを切った。子どもたちが自分で遊びを作り出していけるような冒険遊びエリアが付け加えられたのは、一年後のことだった。

けれども、メイズ教授によれば、この遊び場の失敗は、「材料の準備不足、備品の貧弱さ、技能を持ったインストラクター不足、完全な倉庫不足」によるものだった。こうした問題は改善できる余地はあったが、地域が望んだ以上は他に選択肢がなかったと、彼は付け加えた。

避けられなかったかどうかは別としても、穴掘りや小屋作りなどの遊びは、見ることはできなかった。そこには、窓のないコンクリートの倉庫があり、道具はなかった。そして、材料がある気配はどこにもなく、どこが冒険遊びエリアなのかさえも見分けることができなかった。この遊び場の第一印象では、次の四つの可能な遊びを提供しているように見える。
1　アスファルトのサッカーコート
2　ブランコ、回旋塔、シーソーのある従来の児童公園
3　古いトラックやボート、一風変わった登り遊具、バランス遊具、すべり台のある「想像遊び」のエリア
4　児童公園エリアと同じくらいの広さがある土山。ここは、穴掘りや小屋作りにも最適なのだが、不思議にも見向きもされず、普通のすべり台だけが置かれていた。

外を囲うフェンスには、五フィート弱の金網が張られていたが、遊び場には門がなく、金網が施されていない部分もあって、絶望的な感じで口を開けていた。

リーダーシップもまた、問題であることがわかった。遊び場の仕事は、一年を通して遊び場の安全を守るために、近所にある教会のクラブ活動と結び付けられ、リーダーは双方の場所に同じくらいの時間を使っていた。私が訪ねた週には、遊び場の当番は、朝と午後の早い時間に教職を勉強する学生が、夕方にはお年寄りが担当していた。

子どもがいないこのお年寄りは、近所に住み、遊び場の初期の頃から関わりを持ち、遊び場を見てきていた。彼は、当時の親の会のメンバーであるようだったが、「親たちは、とっくの昔にいなくなってしまったよ」と、何か怒っているように話した。メイズ教授が示唆していたような基地作りやその他の遊びが見られないことを質問すると、

「子どもたちは、そうした遊びが本当に好きだった。けれども、問題はリーダーたちだよ。人は、

それぞれに違う考えを持っているからね」

という答えが返ってきた。

私がリバプール警察青少年渉外担当課を訪ねた時には、いくぶん違う理由が返ってきた。実はラスボーン通りの遊び場で最初の頃から運営委員会のメンバーだったその人は、

「建築遊びが見られた頃はとても良かった。もう一度見られたらとも思う」

と、語った。

なぜそうした遊びが終わってしまったのかを私が尋ねると、

「あの頃は、企業が遊び場に無料で資材を提供してくれていた。それらは、冒険遊び場資材と呼ばれていて、運営委員会はそれを受け取っていたんだ」

という答えが返ってきた。

何人かの人に聞いていくと、運営委員会のメンバーは「冒険遊び場」という言葉を定義することに嫌悪感を抱いていたようだ。そのうちの一人で、おそらく私が最もしつこく話を聞いていた人は、私が椅子の横に置いていたブリーフケースを指して笑いながら、

「まさか、その中にテープレコーダーは入っていないよね」と訊いてくるのだった。

明らかに、小屋作りや穴掘りを続けることについては、「理解されていた」。けれども、リーダーシップに一貫性を保つことができず、初めの方針に沿うことができなかったのだ。

一四年ほどが過ぎた今、リバプールは数多くの幅広い遊び事業を誇っているが、その中には、本当の意味での冒険遊び場はわずかに三つしか含まれていない。それらの遊び場は地域住民の組織で運営され、行政からの心暖かい補助金を受けている。その一方、リバプール市ソーシャルサービス協議会

は一九七三年九月五日付の手紙の中で、

「望ましい発展を遂げているとは言えません。私たちは今も、冒険遊び場の価値を本当の意味で行政に伝え切れていないのです」

と伝えている。

もちろん、リバプールだけが坂を登っていく苦難を味わっているわけではない。けれども、私たちが冒険遊び場の本質を十分に理解し、議員や行政官に対してだけでなく、広く地域に啓発していくことの必要性を理解するまでは、期待できる進歩はゆっくりしたものになってしまうのだろう。

＊1、＊2　一一月五日に行われる、一七世紀に国会議事堂を襲撃、爆破しようとして逮捕・処刑されたガイ・フォークスにちなんだかがり火のお祭りで、「ガイ・フォークス・ナイト」とも呼ばれる
＊3　リバプールのあるマージーサイド県の観光地
＊4　コペンハーゲンの最初のプレイリーダーとなったジョン・ベルテルセン。五四ページを参照

4

ブリストルにて

この冒険遊び場の基本的な考え方を要約すれば、ブリストルの委員会が強調していたのは、「遊び場がうまく受け入れられていくかどうかは、ほぼ、プレイリーダーの技能と理解にかかっている」ということだった。委員会の代表が伝えるところでは、「プレイリーダーは、この取り組みをこなす特別な技能と豊かな好奇心を備えていること」、「様々な年齢層の子どもや、親たちと一緒に活動できること」、「出版できるような内容のある報告書を書ける能力があること」が求められていた。このために、プレイリーダーには年間四五〇ポンドの給料を払うことが提案されていた。

冒険遊び場作りは、調査検討の結果、地域の発展を強調したブリストル・ソーシャル・プロジェクトから提案された。この狙いは、五～一五歳までの子どもに対して、「作る」、「登る」、「料理する」、「真似をする」、「道では危なくてできなかったこと」、「近代的な家や集合住宅、裏庭、中庭などの閉ざされた場所ではできなかったこと」など、想像力と創造性にあふれた本能を安全な環境の中で表現できる機会を作ることにあった。

遊び場自体も、他の町にあるものとは多くの面で違っていた。この遊び場は、何世代も前に遡る古くからの文化を持った人口密集地域ではなく、ブリストル郊外の、比較的新しく、広大な住宅地だった「サウスミード」と呼ばれる地域にあった。ここは、しっかりとした家庭がある一方で、荒れた地域にもなっていた。また、それぞれの家の前後には庭があり、整備された芝生の広場（サッカーやクリケットも十分にできるくらい広い）が一定の間隔で備えられ、普通の遊び場やコミュニティセンターがある地域でもあった。

遊び場は、理想的な場所に位置していた。広さは一と三分の一エーカーで、住宅地の端の、でこぼことした起伏のある場所にあった。道路に面しているのは一面だけで、地面は浅いながらも流れの速い川に向かって傾斜していた。その向こうには、低木林の下草が密に生え、遊び場に直接面している住宅はなかった。

幸運にも委員会は、実際に冒険遊び場（クライズデール）で働いていたプレイリーダーを獲得している。彼は、ロンドンの北地区と東地区のプロジェクトで、親のいない若者たちと付き合ってきた経験を持っていた。直接の運営責任は委員会にあったが、彼を起用したことで、自動的に彼も調査研究チームの一員になった。運営委員会は地元の地域協議会から五名、ブリストル教育委員会から三名とブリストル・ソーシャル・プロジェクトから三名の代表で構成され、他のメンバーは後に加わることになった。

遊び場は、一九五五年五月一六日に開園した。この場所もまた、フェンスがなく、荒石が散らばっていた。小屋はなく、道工具は古い手持ち斧が三本、シャベルが二本、かなづちと手押し車しかなかったようだ。ここでは、フェンスの問題は資金の問題ではなかった。委員会の何人かのメンバーは、「フェンスは不可欠なもの」と、明確に打ち出していたが、他のメンバーは、フェンスを作ることで今ある気軽な雰囲気が失われ、ふらっと立ち寄る人がいなくなってしまうという意見を持っていた。プレイリーダーも、フェンスは好ましくはないが、必要不可欠と考えていて、後に次のように日誌に書いている。

「フェンスが取り付けられる前は、この場所にもよい雰囲気があった。地域の人がふらっと遊び場に立ち寄ることも多く、いくつもの道が遊び場を横切っていた。ところが、フェンスが完成してからというもの、子どもが門のところで遊び場に入ってもよいかどうかを聞くことが当たり前になってしまった。理想を言えば、フェンスはあるべきではない。けれども、その理想が実現した時には、もう、冒険遊び場は必要なくなっているのかもしれない。」

その後の経験では、親たちもフェンスの存在を嫌がり、すぐそばの門から中に入ってこようとはしなかった。

子どもにとっては、開けた土地でがれきを片付ける「仕事人」の登場は、かなり興味の対象になったようだ。「遊び場を作っているんだよ」という言葉を聞いた子どもは、時間を惜しまず、このプレイリーダーの仕事を手伝った。そして二ヶ月が過ぎた七月、国際学生キャンプの参加者の手で、一二フィートのコンクリート製の小屋作りが始まった。この時期はフェンスの完成とも重なり、子どもにとっても幸せな時期となった。そして、面白そうな作業があちこちで始まり、やさしそうな人たちが子どもに話しかけていた。

手に入る記録には、夏の間の子どもの遊びが短く書かれていただけだったが、穴掘りや小屋作り、川作りやダム作りなどの遊びがあったようだ。ところが、学校が休みに入ってしまうと、子どもの数は減ってしまった。子どもはより遠くに行ってしまうか、本当に暑い時には、家の庭で過ごすことで満足していたようだ。そして、再び学校が始まると、子どもはかなりの数になって戻ってきた。この時期には、嬉しいことに廃材も到着して、プレイリーダーにとっても活動しやすくなっていた。

論文を書いていた学生グループの一人は、子どもの数と材料との関係について、「新しい材料が到着した時には、目に見えて子どもの数が増えた」ということを強調している。一九五六年一月、プレイリーダーは、次のように日誌に書いている。

「春に向けて、材料や道具をたくさん用意しなければならない。そして、たくさんのものが無駄になるということも覚悟しなければ。」

冬の間もずっと遊びに来ていた子どもは本当に少なかったが、春になると懐かしい顔がまったく新しい仲間を連れて戻ってきた。小屋作りも再び始まり、小川の土手にはすばらしい小道が作られていた。女の子たちは小屋の中でままごとをしようとしていたが、西部劇ごっこの襲撃にいつも悩まされていた。けれども、いくつかの小屋は、初めて襲撃に耐えられるものになっていた。

報告によると、いくつかの小屋は、いつも夜には壊されて、朝に作り直されているような状態だった。けれども、七月になる頃には、小屋も強度を増して、より常設に近いものになっていた。子どもの集団も増えて、それぞれの小屋を使うようになり、村が形作られている。

このような記録から、調査研究チームは、「二回目の夏の終わりには、独自の文化のようなものが育っていて、年を越えていろいろなものが繰り返されていた」とコメントしている。この見方が確かなものになったのは、一九五七年のイースターの頃までの記録で、攻撃にも耐え得るような小屋ができたことと同時に、地下壕や小屋、ダム、素敵な小道のことが再び書かれていた。

冬の時期は、うまくいったとは感じられなかったようだ。穴掘りや小屋作りに使われる時間は、工具が早く戻ってくるようになるにつれて、次第に短くなっていった。子どもは学校帰りに立ち寄ることもあったが、「夕食後に戻ってくる」という言葉が聞かれることはなく、「常連」の子どもだけが遊

小屋づくり

び場に来続けていた。そして、雨は一番の敵だった。寒さだけならば、走り回って遊び、たき火をすることでしのぐことができるが、雨が降ると地面はどうしようもないくらい泥の海になってしまう。明らかに、固い地面の場所が必要だった。

乾いた冬の夕方には、三〇～四〇人もの子どもが見られたが、湿った天気の時には、この数さえも割ることがあった。最初の冬、遊び場小屋は、外での遊びが不可能な時にだけという補助的で、ちょっとした工作や粘土の工房として使われることになった。このような限られた小屋の使い方は、理想的とは考えられてはいなかったが、委員会の中ではかなりの議論の対象となっている。

調査研究チームはこの時期を振り返り、遊び場小屋の機能がきちんと打ち出されていなかったという結論を出している。そこでは、二つの見方で話が混乱していた。そのひとつは、遊び場小屋はよくあるクラブ活動の活動場所として、会員のリストや規則までも備えて利用されるべきという考え方だった。もうひとつは、外の遊び場の延長として、寒さや雨を避けて遊べるようにするという考え方だった。「子どもの方は、外で遊ぶのと同じくらいの遊びのエネルギーを持ち込めることを期待していた」と、プレイリーダーは報告している。

夕方の明るさが戻ってきた一九五六年四月には、まだ、遊び場小屋の問題は未解決のままだった。けれども、この問題の難点は、実際の遊び場小屋の使い方よりも、人手不足にあるという点では一致していたようだ。そして、遊び場小屋の中と外で別々に人を付けることが必要不可欠だということになった。

二年目の冬も、方針に変化はなかった。遊び場小屋は遊び場の補助としてそのまま残り、たいていは天気の悪い時に使われるだけで、まれに手伝いがもう一人付いた時にも開けることがあった。備品は乏しく、家具も限られていたが、前年の工作と粘土に、お絵かきと音楽会が加わった。ところが、秩序のある静けさを維持し続けるのは不可能で、同じくらい人気のあった鬼ごっこに邪魔され続けることになってしまった。

冒険遊び場の屋内施設のデザインで直面した問題は、次のようなものだ。プロジェクトの代表は、個人的な意見として、クラブのような建物や枠組みを作ってしまうと、子どもが外の遊び場で見せるような自主性を奪ってしまうのではないかと考えていた。彼はこのことを示すために、遊び場自体では、子どもは穴を掘り、登り、追いかけっこをし、たき火をして遊んでいる、ということを付け加えている。その一方で、もし雨が降ってくるようなことがあれば、子どもは小屋の中に入って、すぐにも、まったく違ったムードと環境に自分たちを慣らすことを求められてしまう。

屋内または閉ざされた施設では、外の遊び場と同じように、普通の子どもの持つエネルギーに柔軟に対応する必要がある。確かに集団遊びも生まれてくるが、それは子どもが好んでやっているもので、一時的なものだ。デザインとしては、クラブに見られるような、きちんとした集団作りとは違うものを提供できることが強調される必要がある。そして、心に留めておくべきは、遊びが建物のあり方を決めるということだ。

一九五六年、ブリストルの王立西イングランド建築学校の学生が、理論上のものとして、似たような問題を提起している。内容は、屋内・屋外を含めた「多目的型」冒険遊び場のためのもので、論文、計画、構造模型が制作されていた。彼らの案では、建物は暖房施設を持たず、子どもが中でたき火をできるようになっていた。

ブリストル・ソーシャル・プロジェクトは、最初の二年間に給料と遊び場の一般的な費用として、毎年三五〇ポンドを出資するという意向を持っていたようだ。ただ、このプロジェクトは、試行期間が終わる一九五七年五月には運営委員会の代表団体として存在し続けることになっていたが、資金援助からは手を引くことになった。

けれども、ブリストル教育委員会は、年間の助成金を二〇〇ポンド増額し、毎日ではないが、遊び場は開園し続けることができるようになった。この時期は、二年間の仕事を終えたプレイリーダーが辞める時期と重なったものの、プロジェクトがきちんとした評価をされていくには十分なだけの材料は生み出されていた。

この遊び場の目的を手短に説明すると、適切な工具と確実に入手できる材料なしでは、遊び場は機能しないことをプロジェクト側は強調している。これは、この活動に参加していた全員が求めていたものだった。残念なことに、遊び場への材料の補給は、的確というべきものからは程遠く、結果的な遊びの質としては、常に悩ましいものであったのは疑いない。

一つ目の理由としては、いくつもの工場が不要になった材木や同様の資材の提供を了解してくれていたものの、無料で運搬をしてくれるところはほとんどなかったと、プロジェクト側は説明している。トラックの用意は不可欠だ。もう一つの要素として、行政官とソーシャルワーカーが中心になっていた委員会の構成は、地元産業との関係に弱かったということが挙げられる。

そして、遊び場小屋の利用について起こった委員会内での衝突は、遊び場の基本的な考え方の問題として挙がっていた。また、少数ではあるが、「常連」の子どもが雨の日も風の日も遊び場に来続けたのは、プレイリーダーを慕う気持ちからだろうと、プロジェクト側は考えていた。彼らは、他の子たちよりも難しい子たちであると考えられていて、関係を作るためにもプレイリーダーは「寛容な」

対応をしていた。彼らとプレイリーダーとの関係は良好だったが、他の子どもを犠牲にして作られた関係ではなく、他の子たちの遊びにもよく混ざっていた。

プレイリーダーは、この姿勢を説明するために、子どもたちには自由に遊べる場が家にも学校にも、クラブにもないことを指摘している。そして、この種類の遊び場で見られる、建設的で、創造性豊かな活動というのは二次的なもので、中心的な狙いではないと、彼は感じていたようだ。

その一方で、委員会は、プレイリーダーが難しいタイプの子どもを優先し、この子どもたちのせいで他の子どもが遊びに来づらくなっているという考えを持っていた。そして、何人かのメンバーは彼に対して、「建設的で、創造性にあふれる遊び場の可能性を広げることに失敗している。子どもにはもっと厳しい態度で接するべきだった」と感じていたようだ。

そうなることを予想して、一九五六年一二月の報告に、プレイリーダーは次のように書いている。「攻撃的かつ破壊的な子どもを排除して、遊び場の質を目に見える形で示すことはすぐにも可能だと思うが、それでは本当の問題に向き合っていないことになると思う。」

この葛藤は、解決されないまま残った。そこで、このプロジェクトは翌年に、次のような問いを立てている。「委員会がプレイリーダーに対して示している方針は、適当なものだろうか？」、「選ばれた優先課題は、適当なものだろうか？」、「一人の人間が、限られた設備の中ですべての子どもに対応することは、本当に可能なのだろうか？」

一九五五年九～一二月の三ヶ月間に、七〇二人の子どもの名前が記録されている。そのうちの七〇パーセントは、男の子だった。そして、全体数の四分の三は、四四〇ヤード以内に住み、三分の一は、二〇〇～三三〇ヤードの間に住んでいた。遊び場は、八～一一歳のグループに一番人気があったが、冬の夕方に小さい子どもの姿はなく、平均年齢は一四歳近くになった。その年齢の子どもの遊び場への態度は控えめだった。彼らにとっては、遊び場は「子どもっぽい」もので、尊敬のまなざしで見守る小さい子どもたちに対してスーパーマンを演じている時にだけ、面白さの中心になっていたようだ。

大多数の子どもは、四から五人のグループで遊んでいたが、女の子はたいてい二人組で遊ぶのを好んでいたようだ。ほとんどのグループは同性で構成されていたが、中ではよく入れ替えが起きていた。

その年に行った一六人の「常連」の子ども（男子一四人、女子二人）への調査では、一二人の子どもが少なくとも一人の、そして八人の子どもが複数のソーシャルワーカーに名前を知られていた。また、一一人の子どもが、学校の福祉事務所で名前を知られていて、六人がブリストル市ソーシャルサービスのケースワーカーと関わりを持っていた。そして、一人の男の子は、保護観察中だった。二人の男の子を除いて、総合中学校に通う子どもたちは、特に知能が低いというわけではなかった。

子どもは全員、遊び場に面した通りか、かなり近くに住んでいた。親子間の関係はしっかりしていたが、半数以上の子どもが母親と良い関係にあった一方、父親との関係は乏しかったと思われる。つまり、父親があまり家にいなかったり、そもそも父親自体が存在しない家庭だった。典型的な家庭というものはなく、家庭の方針としては、完全な放縦家庭から、ヴィクトリア時代の厳しさを持つ家庭まで様々だった。

バザーや資金集め、遊び場設備の修理などを受け持ってもらうための親の会作りは失敗に終わっている。そして、そういった力のある親たちの子どもは、遊び場に来る頻度が最も低かったということが記録されている。多くの親たちは、近所の荒れている家庭の子どものためにお金と時間を割くことを嫌っていたのだ。にもかかわらず、プロジェクト側は、限界はあるものの、「遊び場は、住民がある程度の責任を担えるような、地域の組織作りの機会を作るべきだ」という意見を持っていた。

一九五九年七月、サウスミード冒険遊び場は、まだ毎日開園しているわけではなかった。資金不足もあって、遊び場は週四日、夕方六時〜九時までの開園だった。スタッフには、教師兼プレイリーダーの人が入っていたが、その時々で他の教師たちや親が手伝いにくることもあった。私が会ったプレイリーダーたち、そして、かなりの時間を割いてくれたソーシャルワーカーや行政の人たちには、ここで感謝の意を表したい。

遊び場は、すでに書いたように、雑草の生えた道と水平な土地からの急な斜面を経て、低木が生い茂る谷につながっていた。そして、冬には水があふれる小川は、異常な夏の暑さで完全に干上がってしまっていた。遊び場の上の部分にはいくつもの丸太が埋められ、登って遊べるようになっている。そのうちの二本の丸太の間は二〇フィートくらい離れていたが、それらをつなぐ丈夫なロープが張られ、いくつものタイヤがぶら下がって、ブランコや山岳鉄道作りに使われていた。もう一本の丸太は水平に固定されて、その上を渡ったり、飛び降りたりするのに使われている。いろいろな形をした鉄パイプで作られた遊具は、ジャングルジムや鉄棒の代わりとなり、遊び場小屋の裏には、三台の自動車が置かれていた。そして、フェンスには、五フィートの金網が付けられていた。

材料は未だに入手困難で、この問題をうまく解決するには、毎日開園して常駐の人を配置することが必要だと、プレイリーダーは指摘していた。今のように遊び場が一時的にしか開いていない状態では、遊び場が閉まれば、手伝いの人はみんな自分の持ち場に戻っていってしまう。そして、

「材料を手に入れても、鍵のかかる場所に保管しなければ、夜のうちによく盗まれてしまっていた」と、付け加えている。

一九五九年四月の報告書では、遊び場の役割について、穴掘りや小屋作り、登ったり、揺らしたり、滑ったりする遊びを通して、肉体的、精神的、情緒的に充足できる機会を作り出す存在であると、プレイリーダーは書いている。では、以前の意見の違いは解消されたのだろうか？　このことについて、運営委員会の代表と話をしたが、それなりに意見の一致があったようだ。

遊び場をデザインするにあたって、「自由は、きちんと定義された、規律ある枠組みの中でのみ可能である」ということになった。つまり、他の子どもたちや遊び場のどちらにも反社会的な行為でない限り、プレイリーダーは子どものすべての行動を受け入れていくべきだということになった。ところが、のちに訪ねた教育事務所では、未だに、遊び場は「創造性豊かな余暇活動の一環としての社会的な取り組み」としてしか見ていない人がいることも分かった。

そして明らかに、誰も小屋の役割を定義することはできていなかった。小屋は、コンクリートのかまぼこ型プレハブ建築で（今となっては板が打ち付けられている）、窓は屋根のカーブに沿って上に付けられ、きちんとプログラムが組まれた活動以外で使うことはかなり難しかった。その六〇フィートの長さの小屋は、少なくとも二つの倉庫、プレイリーダーの事務所、二つのトイレ、独立した手洗い場に分かれていた。残りのスペースには工作台の長椅子とピアノが置かれていたものの、使われていることはなく、これから来る冬に向けての使い方も考えられてはいなかった。

その一方で、遊び場の方は、夜の時間でも高いところに登ったり、ブランコをしたり、飛び降りたり、鬼ごっこをしたりという遊びの中心になっていた。時々、男の子たちが穴を掘ろうとしていたが、陽に焼けた土の固さに気付くだけだった。たいていの活気のある遊びのパターンは、私の期待していた典型的なものだ。けれども、このテーマについては、遊びに来る子どもの数のパターンと一緒に、この本の他の部分で書いていきたいと思う。

プレイリーダーによれば、遊び場が開園している時、必ず来る中心的な子どもが三〇人くらいはいるということだった。この数を中心にして、子どもの集団が二週間ほど来ては消え、二〜三週間、もしくは一ヶ月以上置いてから再び現れると、プレイリーダーは付け加えている。

遊び場に一番近い家は、入り口のまさに正面に位置していた。道路から少し引っ込んだところには、よく手入れされた庭があったが、そこの住人たちは、「まだ地域に九軒しか家がなかった頃から一五年ほど住んでいる」ということだった。彼らは、遅い閉園時間（今は八時ではなく九時）をあまり好意的に思ってはいなかったが、それ以外は遊び場に批判的であることはなかった。住人は、電話ボックスの窓ガラスを壊したり、街灯の電球やドアを狙って石を投げたりと、子どもが遊び場の外で問題を起こすことの方に強く不満を感じていたようだ。けれども、破壊活動や乱暴な振舞いは、どちらかと言えば、他の地域から来た酔っ払いの若者たちによるものであることが多かった。地域には、他の遊び場や芝生の空き地、コミュニティセンター、カブスカウト、ブラウニーやカデットといったスカウト活動が存在したにもかかわらず、何人もの親たちは「子どもたちや若者たちが行く場所はどこにもない」と感じていたようだ。

六〇年代後半になってからは、新しい市民活動団体が現れ、活気のある自主的な活動が展開されるようになっていた。そして、この遊び場も何年かの時を経て、地元行政の教育課の資金を獲得し、遊び場は常設の場として出発することになった。今日、この部署は同じように他の三つの冒険遊び場を支え、順調に四つ目の遊び場を視野に入れている。

5 ロンドンにて

「この事業を始めるにあたって、遊び場は、地域のすべての子どもの利益、ひいては、あらゆる地域の子どもの最善の利益となる経験を目指すプロジェクトとして考えるものとする。……プロジェクトに関わる人の役割としては、変化する社会状況を観察・評価し、遊び場の発展の様子と地域に与える効果を記録し、その価値を経過と共に評価できる人がよいという提案が出された。……今の状況では、二人のスタッフ（プレイリーダーと調査担当）が同じ課題に対して違った角度から検証することで、実りある……」

これは、一九五四年、ロンドンの南東部にあるランベス区のロラード委員会が用意した文書から引用したもので、全国運動場協会に提出されている。ここには、単に冒険遊び場を設立するという以上の望みを抱いた事業の概要が記されていた。

実験的な遊び場に土地を提供する旧ロンドン市議会の援助を受けていた遊び場の実行委員会は、冒険遊び場のあり方について、厳密な定義を作ることを嫌っていた。けれども、プレイリーダーが配置されたことは把握されており、道具や材料が豊富に用意されていたと想像される。つまり、これを土台にすれば、他の活動が生まれてきた時にも、それを許可し推進することで、冒険遊び場としての場の使い方に捉われずに済むだろうと、実行委員会は考えていたのだった。また、ほとんどの冒険遊び場は、学校の時間には使われておらず、冬の間は完全に閉鎖されていたということが指摘されている。

こうした制約を乗り越えるために、特定の時間にアシスタントを置いて活動を展開できる区画を作り、五歳未満の子どものために割り当てるという提案が出された。また、敷地の主な部分は冒険遊びに取っておき、他の部分にはコンクリートの地面にきちんとしたフェンスを付け、大人がいない時でも、いつでもボール遊びができるようにした。そして、天気の悪い時や冬の夕方にも使える遊び場小屋の価値も考慮されていることが強調されている。

実行委員会は、全国運動場協会に向けた文書（一九五五年二月）で次のように書いている。

「大切なのは、世論がすぐにも作られ、それが固く守られていくことにある。そうすれば、実地での研究が過大評価されることはないだろう。いったん研究が動き出せば、すぐにも実行に移されるだろうし、発展の過程は初めから見ていくことができるはずだ。」

残念ながら、それは実現しなかった。しかし、助成金やその他の援助は、プレイリーダーの給料（全国運動場協会）、外側のフェンス、場の整地、表土と築山のための盛り土（地元教育委員会）、トイレ、排水、水道、雨よけのための一時的な小屋（ロンドン運動場協会）、小屋（工場関係）、事務費（全国運動場協会、ランベス区）などで手にすることができた。

のちに、英国バラエティクラブから六五〇ポンドの寄付があり、ランベス区からは、コンクリート敷きエリアのレイアウトとフェンスのための助成金が認められた。さらに、アシスタントを付けて五歳以下の子どものエリアを充実させるための資金を得ることができた。

けれども、研究目的の資金は認められなかった。結果として、ロラード遊び場は、全国運動場協会から資金を提供された二番目の遊び場になったものの、今までに遊び場を考察した文献は書かれていない。そして、そういった計画もなかったようだ。そのため、この本では、私が持っている議事録のコピー、パンフレットや報告書などの印刷物、一九五五年の一時期をカバーした私の日誌の内容を引用している。

初めての年度報告書によれば、

「遊び場の開園（一九五五年四月）には、形式張ったものは何もなかった。開園したとわかるものは、フェンスのない敷地にプレイリーダーが現れたというだけのものだった。」

そこには、小屋も、雨風を避けるものもなかった。天気の悪い時には、プレイリーダーは近くの学校の一室を借りることが提案された。そして、小さく、密集していて、補修の状態も悪かったこの地域の住宅は、取り壊し地域に指定されていた。ほとんどの住人は、湿気と煙とほこりに対して、終わりのない戦いを続ける日々を過ごし、次々と子どもが生まれる家庭では、自分たちの状況に少しでも意識を向けようとする時間もなかった。そして、すべての人たちは、住宅の建て替えを望んでいた。

遊び場の敷地は、爆撃を受けた学校に残されたレンガやがれきが散らばるところで、あらゆる種類の廃棄物が非公式に捨てられる場所として使われていた。激しい雨の時には誰も手が出せない状態で、プレイリーダーがこの問題に対して、実行委員の目を向けさせようとしていたのも驚くことではない。

最初のプレイリーダーは、この仕事を始めた三ヶ月後に退職を申し出ている。実行委員会のメンバーに口頭で伝えられた退職理由としては、雨風を避ける場所がまったくないこと、求められている労働時間が長すぎること、食事をする時間さえ認められていないこと、地域住民や実行委員会のメンバーから、仕事について干渉されることが挙げられている。

その後の会議の議事録には、そのプレイリーダーが退職を取り消したかどうかについて何も書かれてはいないが、一九五五年六月三〇日のミーティングでは、小屋が作られ、プレイリーダーも高く評価しているということが報告されている。さらに七月二一日の議事録では、「食事のための休憩時間」を加えた新しい労働時間が作られ、その勤務状況を他の実行委員会のメンバーに伝える連絡係が付けられることになったと記録されている。

そして、七月までには敷地のほとんどが整地され、フェンスも完成して、子どものための大きな小屋が建てられた。こういった作業に子どもが積極的に関わっているようではなかったが、全国運動場協会のオブザーバーによる四〜九月期の報告書では、子どもたちは他のエリアで活発に遊んでいたことが書かれている。

冒険遊びエリアでは、穴掘りが一番人気のある遊びで、たき火、料理、登る速さを競う遊びが、その次に人気となっていた。建築遊びも時として人気となったものの、材料不足が壁となっていた。コンクリートのエリアは、ほとんどがクリケットやサッカーに使われてしまったので、女の子たちの興味を惹きつけるようなことはなかった。小屋では読書、お絵かき、ちょっとした工作ができたが、小さい子たちが学校でするような静かな遊びは、冒険遊びエリアでも見ることができた。

夏の間、年上の子どもたちは、プレイリーダーと一緒に幼児のための大きな砂場を作って、小屋の外を塗り、築山を登ったり、穴を掘ったりできるように擁壁を取り付けたりしていた。築山は、想像していたような下層土ではなく、粘土質のロンドン土だったことがわかり、擁壁づくりのは緊急の課題となった。ところが、これがその後の雨と重なって、子どもの服をひどく汚してしまい、近所の人たちから厳しい意見が出される原因となった。そして、擁壁が完成したにもかかわらず、次の年に土を取り除くまで、問題はきちんと解決したとは言い難いままとなった。

その一方で、保育グループは静かに始まった。経験のあるスタッフの下で、一二人の子どもが週一回、粘土やお絵かきのために集まった。その時間は、学校にいる年上の子どもたちに邪魔されることもなく、活動は大きな成功を収めて、子どもだけでなく母親たちからも喜ばれた。そこで、さらに助成金を受け、実行委員会は幼児のための事業を広げて、遊び場の平日の毎朝二時間をこの活動に充てることにした。実際、この活動は参加者も倍に増え、定着していたことが報告されている。週二回は学校に通う子どもに向けても粘土とお絵かきの時間が作られ、同じように人気を集めた。けれども、遊び場小屋を他の遊びに使いたい子どもたちからは邪魔が入るような形になってしまった。

この問題は、冬の間ずっと解決することはなかった。遊び場小屋は、木工やお絵かき、読書、ゲーム、音楽といった普通の活動のための場所として考えられつつも、大人の関わりは最低限に抑えられていた。けれども、やりたいことが違う子ども同士がぶつかって難しい状態に陥ったため、お絵かきや裁縫、読書などの静かな時間と、より激しい遊びをするための「うるさい」時間に分けようという提案が出されることになった。

遊び場の奥に位置している遊び場小屋は、一つしかない入り口であるメインゲートから離れて建っていた。つまり、夕食後の暗くなっている頃になると、この小屋が使われている時間でも、街灯以外の明かりがないまま、大人が誰も見ていない状態で遊び場が開いていた。別の大人を配置することができなければ、暗い時には外の遊び場を閉めてしまったため、プレイリーダーは「小屋には、通りから直接出入りできるようにするべきだ」という提案を出していた。けれども、この点が強調して取り上げられることはなく、遊び場小屋への出入りは、今までと同じく外の遊び場を通ることになった。

ここで、実行委員会との関係から見たプレイリーダーの役割について書いておかなければならない。すべての決定についての責任は、自然と実行委員会のものとなった。プレイリーダーの仕事は、その決定を指示通りに実行することにあった。

一九五五年六月二日に開かれた話し合いが終わるまでは、どんな案件であれ、実行委員会のメンバーは、プレイリーダーからの報告を議題に上げることさえできなかった。その後もプレイリーダーは、自分の報告と、それについての質問を受ける時にしか、会議への参加は許されていなかった。プレイリーダーは、話し合いの一番の中心的な部分からは外されていたということになる。つまり、プレイリーダーは、遊び場の方針や財政、広報など、すべての話し合いから外されていた。これ自体は、おそらく意外なことではなく、ほとんどの人にとって当たり前のことと捉えられていたのだろう。

遊び場は、まだ実験的なものとして考えられていたが、実行委員会の要望で、プレイリーダーは毎日の出来事を日誌に付けていた。プレイリーダーが、実行委員会のメンバーとして職務を兼任し、高いレベルで参加を認められていなかったのは残念なことだ（次のプレイリーダーは、この特権を大いに楽しんだ）。

私の知る限りでは、実行委員会のメンバーや、他のどの人も、遊び場の方針についての話し合いを書き残している様子はなかった。そして、そのような話し合いが行われたことが分かるものは、何も残されてはいなかった。議事録自体には、それぞれの決定事項が手短に記録されているだけで、それがどのような方針や都合に基づいて決定されたのかについても、何もわからなかった。典型的な例が、一九五五年一一月一一日の議事録にある。

「コンクリートの通路をゲートに向かって敷くことが決定。（実行委員会のメンバーが）段取りを組み、作業に関わる人には、一時間三シリングを払うことにする。」

この決定が年上の子どもたちにどのような影響を与えたのかは、想像の域を出ない。そして、この決定に対して、プレイリーダーがどのように反応したかについても、どこにも書かれていなかった。


この遊び場と私との関わりは、一九五六年三月一二日、私が二番目のプレイリーダーになった時に始まった。

この日に書いた初めての日誌には、周囲の地域住民の考え方だけでなく、私の考え方が書いてある。

「この数日、小屋の中と道具の収納に集中しようとしてきたが、遊び場はレンガやがれき、鉄くずがいっぱいで、これをすぐにも何とかしなければ、と感じている……」

そして、この日誌の終わりには、さらに次のように書いている。

「周囲の人たちの遊び場への印象はあまりよくない、ということは記録しておかなければならない。これはおそらく、平らな芝生と樹木のあるきちんとした遊び場ができると、周囲の人たちが信じ込まされていたからではないかと思う。それでも、この冒険遊び場には、何よりも欠かせない創造性にあふれた遊びを損なわずに、こうした要素を取り入れるくらいの敷地の広さはあるだろう……」

もちろん、これは実行委員会が狙っているところでもあった。一九五六年の初めに印刷された「ロラード冒険遊び場」というパンフレットでは、遊び場の目的がはっきりと述べられている。

「冒険遊び場は、プレハブの遊び場ではありません。常に冒険者たちの発見と発明がある遊び場です。この遊び場は、冒険者たちがそのままの素材を使えるようにしています。それは、子どもがのびのびとした遊びの感性を働かせていけるようにするためです。」

一年前の夏の遊びを書いた記録には、

「子どもが家や基地を作ったり、穴を掘ったり、作ったり壊したり、砂場で遊んだり、たき火で料理したり、古くなった台車を押して回ったりした」と書かれている。

また、冬の間の小屋の使い方については、「木工作、ままごと、読書、そして、たくさんの子どもがお絵かき教室に参加した」と書かれている。

そして、報告書には、プレイリーダーの役割として、「どんな種類の要望にも反応できるようにしておき、子どもが自分で何とかできる時には手を出さない」ことが付け加えられていた。築山や全体的な見た目の悪さに対する地域の人たちからの苦情を考慮して、報告書のこの部分では、「遊び場の見た目は改善できるのだろうか」と題して、次のように結論付けている。

その結論には、私もまったく同感するところだ。

「遊び場の見た目は、誰が見ているかによって違うと考えています。いつも整頓されている状態を好ましいと考えている人に対しては、いつもと同じようにがっかりさせてしまうことになるでしょう。けれども、ここでは、たくさんのことが起きています。いずれ、芝生や球根、低木、樹木、ツル植物を植えることを考えています。それでも、いつも中心になるのは、子どもたち自身が遊んでいる姿だと考えています。」

その一方で、近所に住む人々や親たちは、冒険エリアは単に一時的なもので、「完全にデザインされた遊び場を設置するお金ができるまでの間に合わせ」と考えていたに過ぎなかった。

地元の商店主と二人の父親を除いて、目に見える好意的な反応はほとんどなかった。彼らは、最初のリーダーと私に親しく接して、私たちを助けようとしてくれていたが、この三人でさえ、他の近所の人たちと同じく、遊び場がきれいになることを望んでいた。

この年の悪天候でも、何も手を打つことができなかった。四月の中旬にかけて、遊び場の入り口は水浸しになった。築山はまだ残されていて、泥や粘土層の土が辺り一面に広がっていた。

私は、この点について、「晴天の間に勝ち取ってきた好意的な反応は、雨が始まると同時に失われてしまう」と書いている。

そして、五月の終わりまでの全体的な状況に話を戻して、次のように付け加えている。

「築山とがれきの山（かくれんぼや鬼ごっこができるように作られた小山）の問題は、しばらくの間、実行委員会の関心事になり、七〇ポンドでその半分は取り除くことができた。同じような金額を調達することはできないが、残りの部分でも手を打たないといけない。」

実行委員会の決定は、男の子たちにも作業を頼むことでがれきを遊び場中に散らばせ、蒸気ローラーを調達して、それらを平らにしてしまおうというものだった。これをどのように進めていくのかを見るのは面白そうだが、行政の担当者は、「これは、土木作業員に頼む仕事でしょう」と話していた。さらに、この方法の効果について疑問が出された。それは、「穴掘りやその手の遊びを続けることができるのだろうか」というものや、「以前と同じように場が雑然としたり、単にくぼみができて終わってしまうのではないか」というものだった。

また、実行委員会が専門家の助言を受けて決定した事柄であっても、地元の意見は遊び場の方針に影響し続けた。一九五八年三月の年度報告書の中では、

「以前にあった学校の一部として無数のレンガで作られたトンネルが発見され、建築士からも遊びの目的での使用は安全という判断が下されていた。そうした判断や子どもへの人気にもかかわらず、トンネルは地元の意見で再び閉鎖されることになった」

と、書かれている。

ついに、一九五九年二月、議事録では、実行委員会の意見を次のように記録している。

「遊び場の外観を改善していく必要がある。そのために、二〇〇ポンドをかけてアスファルトを敷くことを検討している。」

最初の年の終わりには、まだ、遊び場に親の会は存在しなかった。けれども、その期間、最初のリーダーは、地域の母親たちとバザーを開くことに成功していた。

私は、この遊び場の運営組織の欠点を感じて、

「この遊び場は、子どものものであるのと同じくらい、地域の親のものでもあるということを、私たちは印象付けていかなければならない。そして、市長や地元の団体から支援を受け、小屋を使って公開の話し合いの場を提案していきたい」

と、書いていた。

私がこの遊び場で仕事を始めて二ヶ月が経ち、母親の会の中心が作られた。最初、会は何回もの

チャリティくじを開催していたが、そのうち遊び場のために古着を売ったり、交換会をしたりした。その後、週に一度、小屋の掃除を引き受けてもらうことにした。この活動は、お茶を交えて近所の人たちが世間話をする場にもなり、とても喜ばれることになった。

一九五六年春の子どもの遊びは、屋内の小屋と屋外の遊び場とで同じくらいに分かれ、その使い方はどちらも、かなり違ったものとなった。毎週の短いお絵かきの時間を除いては、大人が手を出すということはなく、その結果、遊び場小屋は屋内の遊び場としてよく利用されることになった。それでも、いくつものグループは、ゲーム以外の特別な遊びをしようとしていた。

「独自に作られた裁縫の会、お話サークル、コンサート、木工作、ハウスパーティー（それも、チーズトーストをストーブで焼いただけで完成）、そして、掃除と汚れ落とし。こうしたすべては、子どもが自発的に始めたもので、子どもが面白いと思っている間は続いていた。子どもは、楽しそうに遊びを次から次へと変化させていく。遊びは様々だが、子どもは変わらない」

と、私は満足げに書いている。

外の状況はいくらか違っていた。遊び場はある程度の道工具を用意して始まったが、私が引き継いだ時には、ほとんど何も残っていなかったと言ってもいい。建築遊びのための資材も何もなかった。けれども、実行委員会は、すぐにも二〇ポンド分の新しい工具の購入を決めて、ロンドン市からいくつかの古い黒板を運んできてくれたのだった。

イースターの休暇には遊びが一気に盛り上がり、その後の記録では、五つの小屋や幼児のためのウェンディハウスに加えて、いくつものグループが木に水をやり、砂場の周りを掃いたり、小屋の窓拭きをしたり、フェンスのそばのコンクリートのグラウンドに沿って三〇本もの若木を植えたりしていた。
小屋遊びは例外としても、親たちは、こうした子どもたちの動きをとても好意的に見ていた。けれども、よく見られる小屋遊び、鬼ごっこ、ちゃんばらといった遊びは、それほど好ましくは受け取られなかった。その一方で、穴掘りは、遊び場をきれいにする途中にあるすべての仕事を無にするものとだけしか見られていなかった。

「一九五六年五月一〇日
私は、今日、二ヶ月で遊び場を辞めるという難しい決断をした。グリムズビーの遊び場を再び開園し、発展させる機会をもらっていたということだけが理由ではなかった。遊び場を辞める一番の理由は、この遊び場の中や周囲の状況と深く関係している。
今ここで詳細に入っていくことはできないが、それは、短く言えば、このタイプの遊び場での自然な振る舞いとして、子どもがいろんなことを試したり、遊んだりするということがなかなか許されないからだ。確かに、一部の子どもは乱暴で破壊的だ。けれども、材料も何もなければ、他に何もしようがない。そして、材料があれば子どもはあるもので何かを作っていくのだが、その過程で生まれる雑然さが、すぐにも近隣を困らせる原因になってしまう。
ほとんどの親や地域の人たちは、この遊び場を心地よいきちんとした公園にしていくことを決意している。その結果として、私は、必要以上に、遊び場の見た目をきれいにするように気遣っている自分に気が付いたのだ。」

私は、この考え方を強調しながらも、「この問題は地域の問題であって、同じような遊び場に共通して見られるものではない」と、付け加えていた。

実行委員会は、いつも当然のように地元の意見を意識していて、おそらく、要求に対しては過度に敏感だった。そして、その要求が実行委員会の望みとぶつかる時には特にそうだった。遊び場は、近所の住民には常に目障りなものとして映り、かなりの不快な思いをさせる原因となっていた。子どもはと言えば、レンガやがれきを飛び越えて豪快に走り回り、たき火をし、石を投げて戦いごっこをしていた。地元では「廃墟」と呼ばれていたこの場所は、裏ではゴミ捨て場としても知られていて、錆びたベッドや汚いマットレスなどが捨てられていた。

ここを片付けて子どもの遊び場にすること自体は、自然なことで、立派なことだった。そして、その要求は、地元の住民が行政に交渉するという形で結論付けられたものだった。けれども、遊び場が開園してからかなり後になると、地元の意見は、「遊び場をきれいにするように」と、実行委員会に対して圧力をかけ続けた。それは、「もし、手伝えば子どもにお金を出す」というところまで行っていた。

「『一時間二シリング』」というのが子どもたちのモットーになった。そして、これが何を意味するのかも知らず、一〇歳の子はこのことを触れ回った」と、私は五月二九日に書いている。

こうした遊び場の努力は、矮小で、間違った方向に進んでいると片付けてしまうのは簡単だ。けれども、この時点では、遊び場は地域全体の雰囲気の中でだけしか、きちんと判断されることはなかった。一方で、冒険遊び場を設立するにあたって、子どものニーズや実行委員会の目的を説明するような試みが行われたという記録は、最初の全国運動場協会に出された文書以外に残っていない。

二人の地元住民を除いては、当初の実行委員会のメンバーは、地域外の人で構成されていた。私が近くの教会と、そこを間借りしている団体を訪ねた時に知ったのは、どちらも遊び場に関心はあったが、実行委員会から声をかけられたことはなく、そうした団体から代表者が送られたこともない、ということだった。

これでは、冒険遊び場がどんなものなのか、親たちに見当もつかないのは無理もない。親たちにとって、遊び場とは、心地よく整理整頓された場所で、汚れることなく安全に遊べる場所なのだ。同じように、遊び場の一区画（それが幼児のエリアか、大きい子向けの芝生のエリアかに関係なく）を片付ければ、それが遊び場すべてを片付けることにつながると親たちが考えたことも無理はない。

そして、築山の件で対立が最大に達していた時でさえ、運営団体からは積極的な協力を勝ち取ろうという試みも、根本的な意見の違いを整理しようという試みもなされなかったように思う。こうした話し合いが初めて行われたのは、一九五六年六月七日に遊び場小屋で開かれた公開年度総会の時だった。遊び場を去る前の最後の日誌で、私は次のように書いている。

「昨日の夜の年度総会では、冒険遊び場の役割について、いくつもの誤解を解くことができた。同時に、住民もきちんと自分たちが求めている遊び場の形を言葉にすることに努めたと思う。」

この話し合いの公式の報告書では、「活発な話し合い」が行われ、その最後に「難しさを考慮するとしても、問題は遊び場を閉鎖するかどうかだ」という議長の問いがあった。

この問いに対して、報告書には、

「積極的に『反対』の声が挙がり、補足として『開園し続けるが、改善をしていく』」

と、書かれている。

遊び場にこの後三年間残ることになる三番目のリーダーが来たことで、遊び場は窮境を乗り越えて、新しく活気を取り戻した。この間の彼の努力の成果も大きいが、有給かボランティアかを問わず、より多くの援助があり、遊びの幅は広がっていった。築山の残りはなくなり、木が植えられ、園芸の花壇や野菜の畑が作られた。一九五七年三月の年度報告書には、築山があった場所で実験的に行った「夏のお泊り会」がかなり好評だったことが書かれている。

「遊び場には、三〇〇〇枚の芝生が敷かれて……緑が広がった。初めは批判的だった近隣の人たちに気に入ってもらえるようにするため、遊び場の見た目を改善する大きな努力は、他の何よりも力を入れて行われた。」

この報告書では、女の子たちが使えるように用意されたサーカス馬車が、常に人気だったと書かれている。そのため、「使いたいグループのために予約表を作らなければならなかった」、ということが短く触れられている。

年上の男の子たちのためには、国際ボランティアサービスによって工房が建てられた。この団体と遊び場とは継続的な関係を持ち、時に発生するたくさんの建築作業の人員や遊び場を見守る大人が増えるなどの点で、切り離せないものとなった。

穴掘りやトンネル作りは、「遊び場の端にある柔らかい砂地か粘土質の場所」以外は禁止されていた。残りの冒険遊びエリアには、登り遊具とネット遊具が作られたが、「資材がある時には、小屋作りが人気のある遊びとなっている」と、報告書には付け加えられている。

壊すことが難しい鉄道の枕木の山は、人気はあったものの、すべての子どもの欲求を満たすことはできなかった。このことについて、報告書は次のように終わっている。

「定期的な資材の供給は、来年には解決されなければならない。」

二年目の冬、遊び場小屋では、さらに枠にはまった考え方で活動が進むことになった。一九五六年九月一〇日に開かれた会議の議事録では、「どのグループがローテーションで小屋を使うかを決めて、冬のプログラムを新しいリーダーが率先して行う」旨が記録されている。過去の自由な遊びは、リーダーや多くの有給・無給の手伝いの人たちが企画した活動に置き換えられてしまった。一九五六年一一月一二日に開かれた会議の議事録には、次のように、すべてのプログラムの予定が含まれていた。

月曜の夕方
五時~六時　一三歳以上のための機械教室
六時~六時半　小さい子どもたちのための遊び
六時半~七時半　××さんによる壁新聞作り

火曜の夕方
五時~五時半　××さんによる裁縫教室
五時半~六時半　ハーモニカ講座
六時半~七時半　皮革工作講座

屋外の遊び場と屋内の遊び場小屋は、夏冬に関係なく、夕方四～八時まで開いていたが、最後の三〇分は清掃の時間に使われていることが想像できる。これらのプログラムに参加したくない子どもたちは小屋から締め出されたが、配置されている大人が多めにいる時にだけ、暗い時間でも遊び場にいることができた。

プログラムは、講師の人が休みになるか、講師に用事があった時には中止、または中断になったが、うまくいっていたようだ。一九五七年一月二一日の記録では、壁新聞に四～一七人の子どもたちが参加している。

子どもたちは週二回ほど集まり、「表現力や批評する力に目を見張る進歩が見られた」という報告がされている。そして、大人がすべての責任を負うのではなく、大人が注意深く選んだ子どもたちが委員になっているようだった。

けれども、こうした限定されたアプローチにも限界があることが、一九五七年七月二五日の会議の記録に表れている。

「売店はわずかに利益を出していたものの、切り盛りをしていたのは女の子一人で、彼女がいない時には開店できなかった」と、書かれている。

また、一九五七年三月の報告書には、

「五〇〇人を超える子どもが、遊び場を日常的に利用している」と書かれている。

全体のうち、五分の三は一〇～一六歳で、この三分の二が男の子だった。その次に大きなグループは、五～一〇歳の子どもたちで、全体の五分の一を占めていた。プログラムリーダーが利用者数を数えていても不思議ではないのだが、議事録や入手可能な報告書、その他の文書には記されておらず、その数についての分析も行われてはいない。ただ、例えば、こうしたプログラムの参加者のうち、どのくらいの数が同じ子どもで占められているかを知ることができたら面白かっただろう。

一九五九年夏に開いたプレイリーダーと常駐アシスタントとの話し合いでは、「子どもたちは、遊び場から離れようとしなかった」と彼らは語っている。

保育グループがあったことについては、「子どもが遊び場に来ることに慣れ、遊び場を離れたがらなかったことからもわかる」という点が強調されていた。年上の子どもも、一六歳以上向けに作られた工房があったことで、同じように遊び場に長く留まっていた。

一九五七年三月の年度報告書で示されているように、工房は元々、木工作だけでなく、「車やバイクのエンジンの分解や組み立て、中古パーツからの自転車作り」に使う予定だった。ところが実際には、主に「お年寄りのための修理・修繕プログラム」になってしまった。

ロラード冒険遊び場のパンフレットには、このことが少し書かれている。

「一九五八年の終わりまでにこなされた作業数は六〇を超えた。遊び場自体には決められた規則もなく、入るのにも制限はないが、工房グループには、クラブを作るというイギリス人の生まれ持った本能ともいえる性質が表れている。一二歳未満は参加不可。学校に通う男子は週六ペンス、働きに出ている男子は週一シリングを払う。けれども、毎週の会合に出て来られない者は支払いを免除する。時々来る参加者は受け入れる。彼らは奮起し、集まるようになり……そして来なくなる」というコメントが興味深い。

「一九五九年一月、女の子の委員会が作られ、シニアの子は六ペンス、ジュニアの子は三ペンスを払うことにした」と書かれている。

これについて、サブリーダーだった女性は、「売店の運営、ネットボール、体育が含まれ、ジュニアの子たちによる本のコーナーの運営という活動が計画されていた」と報告している。

また、委員会の総意としては、近いうちにお年寄りを援助できる立場になることを望んでいた。こうした新しい役割によって、遊び場は間違いなく、数多くの良い仕事をこなし、地域からのたくさんの支援を得た。一九五八年三月には再び、近隣の人たちが園芸エリアを称賛し、二ヶ月後にリーダーが開いた会議には一七人もの父母が参加することになった。そして、その多くの人がロラード冒険遊び場協会に加わることになった。

私が目にした最後の議事録（一九五九年四月一三日）では、「パーティーやお年寄りへの援助が実施され、サーカスや海辺への遠足が企画された」と書かれている。

保育グループのリーダーは、一二人の子どもと二人の保護者を連れて、六月にデイキャンプをする計画を出していた。

この敷地には新しく学校が建てられ、周囲の住宅も新しい開発計画に道を譲ることになった。けれども、遊び場の成し遂げた仕事や、その取り組みがどれだけ評価されたかについては、今となっては疑わしい。

一九五九年の終わりに旧ロンドン市議会教育委員会は、助成金を支出する試験的な取り組みをノッティング・ヒルで実施することを承認した。ここでも遊び場は、ロラード通りのケースと同じく、住民のボランティア組織と、ロンドン市議会、ロンドン運動場協会ほか、同様の組織からの代表者で運営委員会が作られていた。

この運営委員会が出した広報とパンフレットでは、冒険遊び場について、「子どもが、土や砂、水、レンガ、板、大工道具、ペンキ、刷毛などを手にすることができ、自分なりのやり方でやってみたいことや遊びを発明していくことができる場所」と定義している。ただ、一九六〇年の初めに開かれた話し合いの場では、委員会のメンバーの何人かから、「どれをするにも、この場所では狭すぎる」という意見が出されていたが、冒険遊び場の基本理念については、将来的にも話し合いを続け、明確にしていくことが了解された。

私がこの遊び場を訪ねた時、子どもたちは豊富な素材を使って建築遊びをしているところだった。そこでは、空間が限られているということが、大きな小屋を作ることにつながっていた。そこは、八～一四歳の子どもがそれぞれのグループに分かれても、自分たちの場所を確保するには十分な広さだった。遊び場の他の部分は、登ったり、穴を掘ったり、料理したりする場所となっていた。それに加えて、心地よい内装が施された小屋の方では、木工や音楽、ゲームなどが、子どもの要望に応じてできるようになっていた。

この、一時的な場所での試験的な取り組みは、一九六五年の終わりに終了した。そこで内ロンドン教育委員会は、すぐに同じ委員会を近くの常設の場所に設立した。委員会自身が提供した専用の屋内施設も作られ、賛否両論はあるが、世間の関心をかなり集めたコミュニティ・プロジェクトとして成功を収めた。ただし、深く踏み込んだ研究は、まだ実施されていない。

そうした状況にもかかわらず、ロンドンには、今では二五ヶ所の冒険遊び場がある。けれども、客観性を持って研究されている遊び場は、ほとんどないと言ってもよいだろう。あるとすれば、短命に終わった前述のノッティング・ヒルの研究くらいだろうか。これには一読の価値がある。[*1]

この研究でも冒険遊び場の定義についても試みられていないが、コミュニティでの冒険遊び場の役割や組織、地域の個人や組織への影響の与え方に関することが、明確に論じられている。また、階級意識や「地元の人間」と自分たちのことを呼ぶ人たちの姿勢についてもコメントされていて、子どもの母親たちを指す時には、この言葉を使うことが選ばれていた。そして、「中流階級の」運営委員という呼び方は避けられ、ほとんどの重要な事柄は、地元の人間の意見を聞くことなく決定された。

遊び場は、今まで以上に、幅広いコミュニティ・ワークの一角を占めるようになってきている。問題は、そのことを言葉にする力があるかどうか、運営し、維持していく力があるかどうかにかかっている。この点を取り上げたのは、コミュニティ・ワーカーとプレイリーダーが、階級の間に線を引くことなく、この問題に対して、できるだけまっすぐに向き合ってほしいと願うからだ。

もはや、同情や共感、責任感だけでは十分ではない。私たちは、今の自分たちの理解の範囲を超えた技術と力を身に付けていかなければならない。遊び場とプレイリーダーシップは、どの側面から見ても、法的な意味で行政の認知を待っている状態にある。ただ、そのことを考えると、私たちの仕事は、これからもしばらくはボランティア団体の仕事のままであり続けるだろう。それならば、なおさら冒険遊び場の運営組織については、遊びそのものと同じように、的確に研究される必要があるのではないだろうか。

＊1 A Community Project in Notting Dale by R. Mitton and E. Morrison; Allen Lane

6 グリムズビーにて

グリムズビー[*1]に住む人たちに冒険遊び場の考え方を紹介するにあたって、遊び場設立委員会（この目的のためだけに集まった小さなグループ）は、文字に頼らず、地元の有名店の窓を使って写真の展示をすることにした。一九五四年のことだった。

全国運動場協会から貸し出された写真はきちんと台紙に貼られ、コペンハーゲン、ミネアポリス、クライズデールの遊び場の様子が写されていた。どの写真も、子どもがかなづちやシャベル、手押し車を使って、穴を掘っていたり、小屋を作っていたり、料理やままごとをして遊んでいるもので、一目で遊びの種類が分かるようになっていた。協会のファイルには、初期の頃のやりとりについてこれ以上の情報はないが、この短期間の取り組みには、工具・道具類、建築資材以外に必需品として挙げられるものはなかった。その一方で、もちろん、フェンスを作ったり、水道を引いたり、プレイリーダーの給料を支払うための資金が必要だった。

初期の頃には個人からの援助がたくさんあったが、公的機関や既存の地元の市民活動団体は警戒していたようだ。次第に人々の活動への興味は薄れていったが、地元の製材所から一エーカー弱の土地を五年間にわたって格安で貸し出すという提案があり、遊び場作りの話が再び持ち上がった。予定地は、材木の積み下ろし用ドックと鉄道の引込み線に近く、古い住宅と大家族が多いことで知られている地域だったが、のどかな田舎の風景もたったの四分の一マイルという距離にあった。

遊び場設立委員会は、地元の教育委員会や全国運動場協会に対して働きかけを行っていった。そして、教育委員会からは、実験期間である六週間分のリーダーの給料への助成金が承認されることになった。全国運動場協会は、実験的な遊び場のための一時的な土地利用を支援していたこともあり、フェンスを作るための資金を出すことを決めた。実際のところは、敷地の三方向にフェンスがあったので、道路に直接面している残りの部分に対して、少額の貢献をすることになった。

私がリーダーになった一九五五年には、活動の枠組みはすでに出来上がっていた。遊び場の側面は高い塀で囲まれ、それぞれが材木置き場、製紙工場、住宅の裏側に面していた。そして、遊び場は三重の鉄条網が付いた補強コンクリートの柱に、高さ六フィートの金網フェンスを付けた形で完成していた(後々、六歳に満たない子どもたちだけは、この下を掘って中に入って行けることがわかってきた)。遊び場自体はその昔、馬のパドックとして使われていた場所で、最近では「ごみ山」と呼ばれ、長く伸びた雑草や壊れたレンガ、自転車のフレームなどが入り混じっていた。新しい道工具はすでに購入されていて、かなづち、シャベル、のこぎり、バケツ、トロール網、そして高く積み上げられた資材などの準備は整っていた。公園課から借り受けた七×五フィートの道具小屋があったが、トイレはなく、日差しを避けられるようなものは何もなかった。

遊び場は、一九五五年七月二五日に開園した。遊び場の会は、この時から六週間、毎週火曜日に集まり、私の報告書や日誌、そして遊び場が発展していく様子を同じように見ていた各メンバーの意見について話し合っていった。全員がすぐに一致したのは、この実験の成功はどれだけの資材を用意できるかにかかっているということだった。

二日目には、私は次のように書いている。

「もともと少なかった材木はかなり前になくなっていたし、釘も二回ほど仕入れ直したが、同じようになくなってしまった。シャベルがもっと必要だ。道工具が一番足りない。木や他の材料がなくなってしまえば、その代わりになるのは地面しかない。上に向かって作ることができなければ、下へ向かって穴を掘るしかない。そのことを子どもは本能的に感じ取っていて、シャベルはいつも足りない状態だった。」

さらに二日後の七月二八日。

「すばらしい日だった。おそらく、今までの中で最高の日だ。資材が四回ほど運ばれてきて、中には古くなった庭園ベンチやはしご、かまどの囲いなども入っていた……材料がたくさん揃ったので、小屋作りが遊び場のあちこちで始まった。ほとんどは不安定な作りのものばかりだったが、遊ぶには十分満足できるものだった。今日は、小屋作りの計画段階で進歩が見られて、二グループほどの年上の子どもたちが二〜三部屋ある小屋作りを始めていた。ただ、何か複雑なことを発展させていくためには、六週間という期間が十分かどうか、後になってみないと分からない。」

八月四日までには、いくつもの小屋がそれぞれの名前を付けていたことに気づいた。よくあった名前を挙げてみると、「ジョーの小屋」、「虫くい」、「知性の館」、「快適隠れ家」、「パラダイス」、「ボウスデン議員」など。次の日には「囲い込み」が始まって、いくつかの小屋の周りに柵が立ち、中では

小屋づくりに熱中する

カーテンを付けるところが見られたと書かれている。
そういったことが続き、小屋はさらに発展を見せた。

八月一〇日
「今では、小屋は公益設備や公共サービスを提供するようになっている。最初に出来たのは、『ホワイト・ホテル』だ。これに続いて、手作りのはしごを備えた消防署が出来た。そして、『シャンティタウン病院』と呼ばれる応急手当の場所ができて、三人の女の子が赤十字のスタッフとして入っている。一三歳、八歳、九歳という、とても小さい看護婦だ。この医療スタッフは病院に待合室も作り、自分たちの毛布やアームチェアも用意していた。そして、担架も作っていた……」

こういった小屋の面白さは、作られている時よりも、使われている時の方にある。すべての「公共サービス」小屋は、どれも機能し始めていた。病院のスタッフは応急手当をし、消防署はあちこちのたき火を見回っている。「警察屋」の警察官は、悪いことをしている子どもを逮捕して、公開裁判をしたりしている。こういった遊びは、すべて子どもから始まったもので、私の主な役割は遊びの公平さを見守ることと、子どものアイデアが広がるように提案をすることだった。時には、私が新しい遊びを作ったり、その場で考え出したりして、子どもを別の遊びに持っていくこともあったが、こういった発展的な、もしくは社会的なプロジェクトを仕掛けたのは二度だけだった。
子どもはいつも、委員会を作るのが好きだ。私から説得するまでもなく、遊び場のあちこちから一〇人の委員が集まった。全員が集まった最初の夜、私は九人の委員から、一〇人目が女だというこ

「警察屋兼病院」のようす

との不満を聞いていた。そこで、しばらく話し合った後で、この委員会は「みんなの委員会」にすることで一致した。けれども、少なくとも第一回目を実施した限りでは、すぐに、「全員男がいい」という話に戻ってしまった。こういうグループを作った私の方は、現実的な問題として、道具の貸し出しと片付けをして欲しいことと、いじめや破壊行為に目を配って欲しいということを委員会に頼んだ。そして、委員会からは次のような提案があった。

1　くぎ基金を始めて、お金をいつも用意できているようにすること
2　シャベルとかなづちをもっと調達するように私が遊び場の会に頼むこと
3　遊び場に名前を付けること

1案と2案については、関わっていた全員に了解されていたが、3については「ごみ山」から「楽しい町」までいろいろな提案が出されて、しばらく話し合いが続いた。結論は次の日に持ち越されて、遊び場は「シャンティタウン」と名付けられた。

私が開くことにした二回目の会議は、あまりよく考えて決めたものではなかった。私は、「この遊び場の弱点は、五歳以下の小さい子どもが遊べるようになっていないので、年上の子どもの遊びとぶつかってしまうことだ」ということを自分の方の委員会に報告していた。時間が限られていたことや、遊び場の問題は遊び場の中で解決していくのがよいと思っていたこともあり、私の気持ちとしては、気に留めておくだけにしようと考えていた。

けれども、全体としては、もっと積極的に何かした方がよいという雰囲気があったので、小さな砂

場を作ることに決定した。次の日から、私はシャベルを持って遊び場に出たが、結局は、シャベルだけでなく、やろうと思っていたことも子どもに奪われてしまった。それからの二週間は、私も付き合って、この子たちと集中して作業することになった。そして完成した時には、砂場は五歳以下の子どもだけが使うようにしておくことでみんなが了解した。

子どもたちが社会性を見せたのは、この一度だけではなかった。いつも見られるというわけではなかったが、おそらく、「くぎ基金」の時も、子どもが自分たちの利益を超えたケースだったと思う。この活動が始まった日、私は、一一～一四歳の子のグループについて書いている。

「この子たちにはほとんど話をしたことがなかったが、それでも私から伝えるまでもなく、彼らは（自分たちの小屋を）作り終わると、小さい子たちのためにも小屋を作ろうと話していた。実際には三つの小屋ができたが、小さい子たちのための小屋作りに取りかかるまでに二週間、そして完成までにはさらに一週間がかかった。」

小屋には様々な形があって、どれもそれぞれに特徴的で、目的を持っていた。ある小屋の窓は人形劇に使われていて、別の小屋の窓は店の正面になっていた。牛乳用の台車は、箱や板が取り付けられ、ライブシアターや海賊船、砦、リバーボートというように、毎日姿を変えていた。登って遊ぶ遊具は割れた木の切り株から、シーソーは板から、平行棒は古くなったゴミ回収の台車から、そして自転車コースはかなりの労力をかけて作られた。ずっと取っておくように作られたものは何もなく、自分たちの作ったものがつまらなくなれば、すぐにも廃棄処分となり、壊されていった。

けれども、八月二四日には、「公益事業小屋のことは前にも書いたが、病院と消防署だけは今も機能していることは記しておかなければならない」と書かれている。

材料の残り具合にもよったが、その後も小屋作りはかなり長く続いた。遊び場は、常に材料が入ってくるだけでなく、道具にも恵まれた。材料でいえば、鉄のコルゲート板、三枚合わせの合板や木の根っこも含んだ様々な木材、線路の枕木だ。道具でいえば、手押し車やベビーカー、車、ゴムボート、ライフジャケット、鉄のローラーが付いたコンベアーベルトなどがあった。自分の小屋を「パラダイス」と呼ぶ子どもがいたのも、不思議ではない。

けれども、遊び場が子どもにとってどれだけの意味を持っていたとしても、その外見は近所の人たちにとってはすぐに議論の的になった。グリムズビー・イブニング・テレグラフ紙の一九五五年八月・九月の読者欄には、運営委員会の見解も含めて地元の意見が反映されていた。典型的な意見を次に取り上げてみたい。

前略／私は、冒険遊び場の向かいに住んでいる不幸な住民の一人です。以前は静かで落ち着いた通りでしたが、一夜にして目障りなものに変わってしまいました。六週間のあいだ、騒音や煙、開園を待つ子どもの騒がしさをずっと我慢してきたのです。／うんざりしている住民より

前略／私は、遊び場の向かいに住む幸運な住民の一人です。私の意見では、冒険遊び場のおかげで

交通事故も減り、子どもが夢中になれることが出来ていたずらもなくなり、最も成功している運動だと思います。／満足している家主より

前略／最も馬鹿げたことが起こっている。行政は目障りなものを排除する努力をしていると思うが、最悪なものがウェスト・マーシュに来たものだ。／O・J

前略／ここにもう何年も住んでいますが、私にとっては、雑草が腰まで伸びて、シバムギがフェンスを突き抜けていた頃の方が、ずっと目障りでした。／二人の感謝している母より

こうした批判に対して、運営委員会のメンバーが次のように答えている。

「子どもの想像力があちこちへと移り変わっていくのは、まさにその通りだと思います。私たちの計画も、そのことに基づいています。けれども、私たちの用意している材料は、スクラップや建築廃材ではありません。それどころか、地元の会社や個人からの寄付のおかげで、子どもの力に応えられる良質のものが集まっていると思います。そして、子どもたちは、想像力あふれた使い方で小屋を建てたり、仲間を作ったりして楽しんでいます。」

いろいろな点から見ても、遊び場が目障りだったということは、疑いのないところだろう。この問題は、単に遊び場の正面をきちんと隠すことで解決していたのかもしれない。けれども、今の時点では、運営委員会はそれを書き留めておくことしかできなかった。いくつかの苦情はその時々で処理されたが、他のものは期間中も課題として残り続けた。それは、次の年に常設に近い形で遊び場が始

まってからも解決されずにいた。

解決されなかった課題のうち、代表的なものは遊び場の開園を待っている子どものことだった。実験期間中の開園時間は朝一〇時から夜八時で、昼食と夕食の時間に一時間の休憩があった。けれども、子どもはたいてい朝八時から集まり始めて、一〇時が近付くにつれて人数は増えていった。子どもは歩道に座ったり、道路にあふれ出したり、向かいの家の窓枠に寄りかかったりしていた。昼の時間にも、かなりの子どもは家に帰らず、門のところに一〇分後には戻ってきていた。夕食の時間にもそれは変わらなかった。アシスタント・リーダーがいれば、遊び場を長く開けておくこともできただろうし、同時に、食事の時間や週末といった大人の都合に邪魔されることもなかっただろう。結局、私たちは、可能な限り、全員で苦情を受け入れられるような方法を取ることにした。

たとえば、火に関しては、最初にレンガを並べ、土を盛って囲み、何かのときのためにバケツに水を用意することで使えるようにした。フェンスのそばでのたき火は禁止で、遊び場が閉まる三〇分前には消すことにした。けれども、こういった予防措置も十分ではなかったことがわかった。そこで、苦情に応えて、洗濯物が干してあるのが見える時や、風が住宅の方に向かって吹いている時には火を点けないことにした。

小屋作りと同じように、たき火は遊びの広がり方にパターンがあって、少しの差だが二番目に人気のある遊びだった。最初は火を点けるだけでも楽しいのだが、子どもはじゃがいもを焼くのにも慣れてくる。たいていは、一週間も経てば、卵やソーセージ、豆を炒めたり、お茶やココアを入れたりするようになった。

六週間のあいだは、主に穴掘り、小屋作り、料理といった遊びで過ぎていく毎日だったと言えるだろう。けれども、次の年には、気になる遊びのパターンが出てきた。

「八月一九日金曜日　この日誌では、子どもが楽しんでいる『二次的な遊び』には、十分に気を配っていなかったように思う。小屋も出来て、たき火もその目的を達成すると、一日の後半は、自由でエネルギーにあふれた、競い合うタイプの遊びが出てきた。何種類かのレースやタイヤ転がし、バランス取り、力比べといった遊びはいつも見られるが、その他の遊びも、周囲にあるものを使って突然に生まれることがよくある。輪投げをした時には、板に長い釘を打ち込んで、壊れた三輪車から取った小さなタイヤを使って、ちょうどよい輪を作って遊んだ。この遊びは、この何日かで進化して、『杭鳴らし』という遊びになった。これは直径一〇インチの鉄輪を少し離れた杭に向かって投げる遊びだ。」

遊び場の日課は変わっても、この遊びのパターンに変化はなかった。学校は、九月六日に始まり、遊び場の開園時間もそれに合わせて変更した。朝一〇時から一二時は五歳以下の子どものための時間で、夕方四時半から日暮れまでを学校に通う年齢の子どものために開園した。

「九月九日金曜日　小屋作りは、四時半から六時半まで続いた。けれども、その後で文字通りひばりが鳴いているような（!）騒ぎが起こっていた。子どもの一人が、二階建て小屋の屋根の上で包囲された。他の子は、その子に自転車のタイヤを投げて捕まえようとしていたり、古いカゴで落とそうとしていた。さらに別の子は、板を地面に立てかけて二階の窓に入ろうとしていた。スピード狂の子どもが操縦するベビーカーは激しく走り回り、奇跡的に、いくつもある地面の穴をかわしていた。ちゃんばらも続いている。」

簡単に言えば、これが遊び場で見られる遊びのパターンだ。必要な規則や材料の量によって制限はあったが、子どもはやってみたいことを自由にやることができていたと思う。しかも、子どもからは、たいていは建設的で、前向きな姿勢が見られていた。それは、子どもがそんな風に振舞える機会がこの遊び場にはあるということでもあった。材料の重要性については、何度となく考えさせられた。材料不足が引き起こす後退的な効果は、次の二日間の日誌を見てみると分かる。

「八月一六日火曜日　絶対的に材木が足りない。小屋は取り壊しては作り直されているが、新しい材料が十分にはないので、刺激もなく、あまり乗り気ではなさそうだ。」

「八月一七日水曜日　子どもたちのすごい興奮の中、もう一台のトラックが来た。昼食の後で雨が降り始めた。三時までには道具を回収しておかなければと思った。六〇人くらいの子どもが、道具の不足や雨が降っていることを気にも留めずに遊んでいたのは面白かった。小屋の中や周りでの遊びは、閉園時間まで楽しそうに続いていた。」

材料の使われ方や効果の次に重要なのが、プレイリーダーの役割だ。秩序というのは、ゆっくりと作り上げられるもので、決して、子どもたちの慎ましさから生まれるものではない。試験期間の私の動きは、遊び場の中にいて子どもを見守ることに限られていた。材料の運搬や設置、親との連絡、全体の管理、宣伝、広報の仕事は、すべて運営委員会が担うことになっていた。そのおかげで、私はすべてのエネルギーを子どもに注ぐことができた。そして、遊び場自身の珍しさもあって、私は当然のように、なるべくして人気のある存在になった。

けれども、子どもは強制的に来なければならないわけではない。子どもが遊びに来るのは、他ではできないことがこの遊び場でできるからだ。そして、遊び場自体がそれを実現する存在だった。開けた田舎の風景は、まだすぐそばに広がっていたし、船のドックや線路の引込み線、普通の遊び場、路地裏も間近にあった。私自身は遊び場の一部（それも重要な一部）として存在していたことは否定しないが、わずかに例外もあった。八〜九歳以下の子どもは、自分のやりたいことに没頭している間には、リーダーのことは気にも留めない。それは、大切なことだと思う。

私は、作った小屋へ招待される以外に、時々遊びに入らないかと誘われることもあったが、誘われることはあまり期待していなかった。それよりは、道具や材料が欲しいと呼ばれたり、小屋の強度や穴の深さを確かめて欲しいと呼ばれたり、時には、「いじめたり、壊したりする子どもを止めて欲しい」と頼まれたりすることの方が多かった。

けれども、どの要求も、子どもが中心になっている遊びから生まれてくるものばかりだった。それには、より深い個人的な関係もあったように思う。子どもは、自分のしていることに私が興味を持っている（そして邪魔しない）と確信した時にだけ、自分の計画を見せるようになり、お互いのことを深く知ることができるようになった。私の方も、「私の意見が受け入れられても、拒絶されても、子どもとの関係は壊れない」と思えた時に初めて、子どもに提案をできるようになった。

私が週末に出掛けていて、教師でもある若い女性の運営委員が現場に入った日の日誌を見ると、彼女は子どもとの関係よりも、遊びの方を多く見ていたことが分かった。私たちは、子どもが「遊び切る」様子をある程度期待していたのだが、ここで金曜日の午後と月曜日の午前中の様子を紹介したいと思う。

「八月一二日金曜日　二人の男の子がドアと窓枠を取りに来た。ドアは、一五分もしないうちにウェンディハウスを囲むフェンスになってしまった。さらにベニヤ板が届いたので倉庫にしまうが、この分は来週に取っておくから、と何度か言わなければならなかった。清掃の人からエナメルのボウルを二つもらう。これもすぐに水運び用として、『バケツが全部使われていても、火を点けられるように』と、持ち去られてしまう。もうひとつのボウルも、後に、応急手当屋から『はさみを消毒する』と、運ばれていってしまった。

夕方の遊び：作り直している小屋は一ヶ所。それ以外に近所の子どもは、夕方には戻って来なかった。バケツはすべてたき火に使われていた。あるグループはじゃがいもを焼き、別の場所ではウェンディハウスが赤茶のペンキで塗られていた。たき火は、子どもが全部自分たちで消してきれいに片付けていったが、帰りがけに『ジョーはいつ戻ってくるの？』と言っていた。子どもたちは、明らかにリーダーに信頼と自信を持っていて、自分たちの正義を代表している人物だと認めている。」

「八月一五日月曜日　いくつも新しい小屋が立ち上がって、他の小屋も拡張され、作り変えられていた。午前中いっぱい、小屋や看板を塗る遊びが続いていた。ジョーが帰って来るから物置をきれいに片付けておこうと、二人の男の子が決めていた。」

規律が問題になるようなことはほとんどなかった。遊び場は、学校に通うどの年齢層の子どもにもよく使われていて、一五〜一六歳の中等総合学校や工芸学校の生徒もちらほらとやってきた。実際に見えてくる攻撃性には二種類あったが、ひとつは明らかに反社会的なもので、もうひとつについては、少なくとも議論の余地があった。

前者は、いじめや小屋を破壊するような時に見られたが、どちらもあまり例はなく、絶対に許されないようにしていた。けれども後者は、二台の車をもらってきた時に見られたもので、誰も不快になることなく、入れ替り立ち替りで常に誰かが没頭していた。その最初の日は、次のように始まっている。

「牽引されて来てすぐに、モーリス8は、砂糖にアリが群がるように子どもたちで埋まってしまった。その日、しばらくしてから、もう一台のさらに大きな車が到着した。車は、大多数の子どもを喜ばせるには十分で、信じられない数の子どもが中に入り込んで、くまなく構造や機械の装置をアリのように『食べ尽くして』いった。」

遊び場での遊びについては、子どもが個人でもグループでも、努力して作ったものは他の全員から大事にされるべきだと、私は考えていた。小屋、船、ほら穴、たき火、劇場はすべて個人の所有物で、作った人が責任を持つようにする。作った人以外は壊せない。砂場や幼児用の小屋は年上の子どもたちが作ったものだが、それらも同様に、年下の子だけのために取っておいた。けれども、車はこのどちらの枠にもはまらないように見えた。

車は、どの年齢層の子どもも磁石のように惹きつけているのだが、誰かの努力の結果で作られたというわけでもない。そこで私は、車を遊び場の所有物、つまり、幼児だけのものにするか、誰のものにでもするかは別としても、「正しく遊ぶ」ためのものと考えていた。けれども、この考え方は、普通の遊び場にある遊具に対する大人の考え方とあまりにも近すぎるという思いもあった。

この遊び場は、建築遊びに加えて、子どもが何かを試したり、ばらばらに分解したりすることができる工房として作られている。ここでは、「壊す」ということは、作るために不可欠な序曲なのだ。けれども、このことが真実だということを私が学んだのは、かなり後になってからだった。

初めは、破壊しているところや騒がしさが通りから丸見えで、音も響いてしまうから苦情が来てしまう、というくらいにしか考えていなかった。そして、三週間ほど過ぎた頃には、二つの打ち壊された、タイヤのない車のシャーシが、誰からも見向きもされない姿で通行人の目に入っていたと思う。けれども、革張りになったシートやタイヤが小屋の家具となり、車体のパーツが壁や窓枠になっていく光景は通行人の目に届くことはなかった。そして、いろいろな子どもが機械の一部分を宝物のように取り上げて、本当に喜んでいる声が聞かれることもなかった。逆に言えば、通りがかりの人には、「トレーニングを受けた」と公言する（むしろ、トレーニング不足の）ユースリーダーが、熱心で、好奇心旺盛な子どもたちの運営する工房で必要とされる実践的答えを何一つ持たずに、もっともらしい発言をしているのを聞かれずに済んだのだった。

時として、車は壊すことから得られる満足感以外に何の理由もなく、凶暴に打ちのめされた。おそらく、理由はそれだけで十分なのだろう。結局、私たちはこの場を、子どもが面白いと思うままに遊び、才能を広げ、今までは行政とのトラブルになっていたようなことを反社会的ではない形で発散できるように作ろうとしてきたのだ。

グリムズビー・イブニング・テレグラフ紙の一読者の意見にあったが、私は「子どもは、古くなった車を壊すことから卒業して、より大きくて価値のあるものを壊すようになる」とは思えない。何かを明らかに不愉快な方法で攻撃したいという欲求や「悪の部分」を子どもが持っているとすれば、その傾向をすべて否定することは、積極的でも現実的でもないと信じる。もし、私たちが子どものこのような行動パターンを受け入れず、対応もしなくなった時、子どもの気持ちは、公共のものや私有財産へと向かうのだろう。そして、そのことへの責任は、私たち自身が引き受けなければならない。

この試験的な遊び場を環境面と結び付けて考える調査は、計画されなかった。たとえば、この遊び場によく来る子どもは、普段は普通の遊び場で遊ぶのか、遊ぶとすればどのくらいの頻度で遊ぶのか、私たちは知らなかった。また、子どもによって、遊び場に惹きつけられる傾向があるのかどうかも、私たちには分かっていない。そして、遊び場があることで、どの程度の子どもが船のドックや鉄道の線路から離れていくのかも分からなかった。

同じように、この試験的な遊び場は期間が限られていたこともあって、目新しさではない遊び場の「真の価値」がどれくらいあったのかを結論付けることはできなかった。私たちにできたのは、遊び場自体がどんな発展をしていったのかについて報告するということだった。

一九五五年に出されたグリムズビー冒険遊び場の報告書は、手短に書かれた遊び場開園までの過程、会計報告、私の日誌の縮約版という体裁を取った。試験期間の経費は二四三ポンドかかり、そのうちの一〇〇ポンドは、全国運動場協会と地元教育当局が折半で出資した。寄付金やカンパは二二ポンドに留まり、残りはガーデンパーティーなどの企画でまかなった。子どもたちのくぎ基金は六週間で五ポンドになり、後に八〇ポンド（三九・二キロ）分の釘と雑貨を買って、一ポンドが残った。なくなった工具はなく、工具の修理費はくぎ基金から支払われた。

遊び場自体は、一六歳くらいまでのどの年齢の男の子にも人気があったようだが、女の子の場合にはそれほどではなく、例外はあったが一番年上は一〇〜一二歳のグループだった。一番忙しい時間で、子どもは六〇〜一〇〇人だった。時には一三〇人もいることもあれば、四〇〜五〇人に減ることもあった。子どもの数が少ない時は、たいてい近所のバス旅行があったり、昼に子ども映画会があったり、家族総出の出稼ぎで一日がかりの豆摘みがある時だった。たくさんの親たちが会の援助に出向いてくれたが、こちらからはそういった人たちのグループ化を図るような動きはしなかった。

けれども、こうした発見があり、冬の間も交渉を続けてきたことで、運営委員会は、より常設に近い形で遊び場を開園する計画を進めることができた。一九五六年六月までには、一年目の資本金と給料への助成金が全国運動場協会と教育委員会から認められていた。翌月には、ナフィールド財団から助成金が出て、冬の間に使う四〇フィートの小屋を購入する資金になった。

ところが、いろいろと細かいことが重なり、遊び場は八月二二日まで開園することができず、その頃には、夏休みも三週間以上が過ぎてしまっていた。ほとんどの子どもは、門のところへ毎日見に来ることにも飽きて、他のすでに出来上がっている場所へ行ってしまっていた。夏に子どもが好きな場所といえば、昔からの遊園地やゲームセンターがある、海沿いの丘に近い保養地「クリソープ」だった。

けれども、遊び場が開園すると、独特の広がりを見せていた遊びがすぐにも展開されていくようになった。その後は、前年の遊びが再び見られるようになったが、それは、またひとつ違う展開を見せた。子どもは自分たちの失った時間を取り戻そうとしているようにも見えて、試験期間中の遊び場で見られたような原始的な小屋作りは省略されてしまっていた。

三日目には、「ブレンダが戻ってきた。病院をもう一度開こうと必死だ。今あるよりもかなりたくさんの材木が必要だ。今ある分でもいくつもの小屋は建つが、去年見られたようなコミュニティが発展するようになるには、もっと必要だ」と、私は書いている。

「八月三〇日　一四～一五歳の子どもたちが来て、夕方には病院を開いていた。」

年下の子どもの存在も、忘れられていたわけではなかった。アルミ製の巨大な水槽や樽、箱、柱やロープ、車のタイヤを寄せ集めて、年下の子のためのトロール漁船が作られた。

熱の入った小屋作りは九月の終わりまで続いた。けれども、遊び場には電灯は点けないことが決められていたので、暗い中での事故を避けるために、日暮れには遊び場を閉めなければならなかった（この時には、小屋は計画段階で、一九五七年一月初めまで使うことはできなかった）。

日が短くなってくると、子どもの数も減って、自然と遊びも止まってしまうようになった。けれども、この時までには、試験期間中の経験はより確実なものとなった。小屋作りは一番人気のあった遊びで、出来上がった小屋はお店から漁船までいろいろなものになった。「オーブン」が発明され、新聞作りのことが話され、自転車のコースが作られて、いくつものたき火の上でソーセージが焼かれていた。

普段の遊びのパターンを九月一〇日に書いている。表を作れるくらいに遊びのパターンがあるのが面白い。

「朝のうちは、人数に関係なく、いつも変わらず静かだ。小屋作りは、大した想像力が発揮されることもなく、展開も遅い。同じように、たき火もやってはいるが、何かに使われることはほとんどない。お互いの遊びに干渉することもほとんどない。ところが、午後になると急に火が付いたように腹を減らした子どもたちがじゃがいもを焼いたり、フライドポテトや勇敢にも『夕食』と呼んでいるものを作っている。小屋作りも活気付いて、より高く、より長く作ろうという動きが生まれる。これと一緒に、誰かが『木をちょっと拝借』するために襲撃を始め、十分な材料がないせいでケンカがあちこちで起こった。四時か五時になると、かなりの子どもが夕食を食べるためや、テレビの子ども番組を見るために帰って、遊びは急に静かになる。

そして夕暮れ時は、いつもと変わらず、とんでもない状態だ。それは、本当にとんでもない状態なのだ。建築作業はほとんど放り出されて、いくらかの危険を伴った『手作りの』競争遊びにエネルギーが注ぎ込まれていく。そして、三〇分の間に、一日の他の時間に使われるエネルギーをすべて足したもの以上のエネルギーが使われる。

たとえば、この日の夕方も例外ではなかった。三フィート×五フィートくらいの重い鉄のシートは、片側を三つのタイヤで持ち上げられ、そこにできた斜面を一一〜一五歳の子どもが自転車を加速させて、空中に『飛び立って』いた。小さい子たちは自転車のタイヤを抱えて、互いの小屋の屋根から輪投げをしていた。
その後、年上の子どもたちは、この『決死のジャンプ』に飽きて、二階建ての小屋を調べ始め、強度を確かめようということになっていた。これが破壊パーティーの始まりになってしまった。その小屋を作ったジョージとマルコム（二人とも一五歳）もこの集団の中にいたのだが、私は呼ばれない限り何もしないことにした。

ジョージは明らかに、事の展開を快く思っていなかったが、私の助けは借りたくないという表情をして、他の子どもが歓喜の叫びを上げながら小屋を壊している間、芝生に寝転がっていた。これを見ていた年下の子たちの方にも動きが出て、同じように楽しみ始めた。私も最初はそれを抑えたが、見ていると、驚いたことに、ジョージも混ざって年上の子どもたちが、いきいきとかくれんぼをし始めた。」

工具はどれも、大切なものと考えられていた。くぎ基金は、子どもが自分たちで買ってきた帳簿で再開することになり、遊び場の毎日の重要な位置を占めることになった。この二年後にも、私はこれを遊びと考えていたし、遊びのための手段としても考えていたことを書いている。

一九五八年八月六日
一日を通して素晴らしい日だった。「トッパーズ」と自ら名乗る子どもたちが「店」と称して商売を始め、マンガや本を売って七シリングくらいの売り上げを出していた。そして、子どもたちの間でしばらく話し合いがあり、この売り上げを三つに分けることにしていた。三分の一はくぎ基金に、もう三分の一は自分たちで山分けして、残りは仕入れに使うことになった。

一九五八年八月一六日

今週のくぎ基金は、去年の最高記録を一シリング七ペンス更新して、一七シリング五ペンスになった。けれども、この数字は、この週の経済活動を正確に表しているわけではなかった。去年の数字は、いろいろなお店の稼ぎの合計だったが、今年の数字は実際の儲けの一部でしかない。シリルの「すべり台」と同じく、ラルフの店も売り上げの半分を出していた。デビッド・Pのあやしい店は売り上げの全部を出したが、デビッド・Bの「店」は三分の一しか出さなかった。彼は、「俺、アシスタントに給料を払うから」と、自慢げながらも、申し訳なさそうに話していた。

一九五八年九月六日

午前中に週間記録を再び更新して、今回はちょうど一ポンドになった。これで、この五週間の休みの間に、五ポンド三シリング二ペンスが集まった。ちなみに、去年の同じ時期の合計は、三ポンド九シリング八ペンスだった。

子ども委員会も再編成されていた。一人の男の子が「女よりも男の方が多く来ているから」と言ったこともあり、男五人女四人という割合になっていたのが面白くて、日誌を付けている。この選挙について一九五八年六月二六日には、次のように書いている。

「一年を通していつも、委員会に入りたいという声はあるが、この手の委員会は、夏以外にはうまく機能しないようだ。たとえ私が個人的に、たとえばクリスマスやイースターの時期に、子ども委員に任命したとしても、それ自体が存在感を示すものでもなかった。けれども、任命された子どもは、毎日、当然のように目立っていた。その一方で、夏の時期には民主的な選挙が開かれたが、たいていはどんなことでも責任を引き受けることができる同じ子どもが選ばれる結果になった。ここから何らかの結論を出すことは避けるが、小屋の狭さからも、冬の間は、自分たちのスタイルがいろいろな意味で縛られるようだ。」

一〇～一二歳の女の子たちもまた、小屋の中や周辺で自分たちの役割を盛んに発揮していた。けれども、去年には顔を見せていた数少ない年上の女の子たちは、完全にいなくなってしまっていた。この理由は二つあると考えている。一二歳以上の女の子たちが望む関係はより個人的なもので、おしゃべりが中心だ。それは、同じ年齢の男の子たちが熱中する行動パターンとはかなり違っている。

こういった個人的なやりとりをふくらませようとすれば、遊び場全体をきちんと見ることがおろそかになってしまう。けれども、女の子たちの本分や興味、特質に自然と通じている女性のリーダーかアシスタントがいれば、そのような関係を満足に広げるだけでなく、遊び場をきちんと見ることもできるように思う。

けれども、女の子がいない理由には、もうひとつの要素がある。この遊び場がある地域は、大家族が多いことで知られている。一家庭に一〇～一五人の子どもがいるのも珍しいことではない。そして、多いところでは、その数さえも超えてしまう。

この結果、自然と、年上の子どもたちは、小さい兄弟のお守りを任されることになる。一三〜一四歳の男の子も、この影響を受けないわけではない。遊び場や道で会った時にも、二〜三歳の弟や妹を連れている姿をよく見かけた。年上の女の子に逃げ場はない。

このことについて、一九五六年九月に次のように書いている。

「『お母さんは仕事に行っている』というのがかなりの場合の関門になっていて、子ども、特に女の子は、その時々のいろいろな仕事だけでなく、おばあちゃんや赤ん坊の面倒も含めて家事全体を背負わされてしまう。」

その一方で、何人かの年上の男の子が顔を出さなくなったと思われる原因がある。一年前の夏、八歳を過ぎた子どものほとんどがたばこを吸っているらしいということに気が付いて、そのくらいの年の子が汚れた紙袋に吸殻を集め、キャンディのように配り回っていることについて書いたことがある。そして、その子が自分でたばこを吸いたい時には、ちょうどいい長さのものを選ぶか、短くなったものを集めて適当な紙に巻いて、葉巻のように吸っていた。この子どもはある意味目立つ存在なのだが、吸っているのはその子一人だけではなかった。子どもの多くは、お遣いに行ったり、家事を手伝ったりしたごほうびに、親からたばこをもらっていた。

遊び場は、今では常設として運営しているので、私たちもこの問題については、自分たちの姿勢をはっきりさせなければならなかった。そして、九月一八日には、私の立場について書いている。

「子どもがたばこを吸うことには、いい気持ちになれずにいる。けれども、どのようにこの問題に対処していったらいいのか、はっきりとした考えも持てていない。去年、遊び場が開園したときには、たばこをやめさせようと試みたが、男の子たちはただ遊び場から出ていってしまうだけで、たばこを吸い終わるまで門のところでうろついているという状態だった。
たばこを吸う子どもを遊び場に『出入り禁止にする』以外にないようにも見えたが、それだけはしたくなかった。そうして、喫煙はチェックされないまま、今まで来てしまった。けれども、この夕方は、委員会の決定に従って一歩動きを進めて、明日から『喫煙厳禁』と子どもに伝えることにした。それでも、十分に理由を説明することは必要だろう。そして、もしそれが理解されれば、決定自体も受け入れられるだろうと思う。たとえその決定が忘れられてしまう時があったとしても。この決定がどのように受け取られるのかは、後になってみないと分からない。」

実際には、この決定によって年上の男の子たちが来なくなったのか、男の子たちはどちらにしろいなくなっていたのかは、はっきりしない。そして何人かは戻ってくるようになったが、それは自然な流れだったのか、後に私がこのルールを緩め、一五歳以上には許可したからなのかも、同じようにはっきりとしない。

一年前の夏の経験はすべて繰り返されて、地元の意見（これが最後の機会になった）が、再びグリムズビー・イブニング・テレグラフ紙で取り上げられた。遊び場閉鎖の請願署名数は五六人。閉鎖反対の署名数は二三二人だった。これを機に、この問題が行政の中で二回ほど話し合われ、「請願書は受理するが、何らかの措置は行わない」（グリムズビー・イブニング・テレグラフ紙、一九五六年一〇月六日）という決定が下された。

親たちは、この段階では、特別な事柄やイベントの時にだけ積極的に関わっていたが、その後は、一人一人の生活や考え方で、グループというよりも個人としての関わりが増えていった。遊び場の冬の初めには、一五本の苗木を買うための寄付に協力を受けることができ、花は遊び場の正面に植えてもらった。けれども、通りからの視界を防ぐという試みはむなしくも失敗に終わった。子どもたちには大切にされたが、毎年大きく、強く成長していく樹木は、三年経ってからも、六フィート間隔で七〜八フィートを少し超えるくらいにしかならなかった。

この活動が終わる頃には、親たちにももう少しできることがあるということが見えてきたように思う。確かに、親たちが集まれる場所はどこにもなかった。そして、遊び場の再開で紛糾していた時期に初めて、親の会を作ろうという動きが生まれることになった。この会は、遊び場が始まってから二〜三週間過ぎ、親たちの間でも気持ちがまだ高揚している九月に始まったが、初期の頃の動きと比べると決して成功したとは言えなかった。会合は近所の診療所で開かれたが、集まったのは五人だけだった。これは親たちの意見だが、「自分たちだけの場所があったら、もっと遊び場の援助ができただろう」ということだった。結果として、会を作る試みは、次の年まで待つことになる。けれども、私はその間に、それぞれの家に呼ばれながら、親たちと個人的に付き合いを広げていくことができたのだった。

＊1　イングランド北東部の小さな町

7 グリムズビーにて　2

初めて冬の活動が動き出したのは、遊び場小屋が早めに完成した一九五七年の一月だった。理想を言えば、屋内施設の役割として、重なる部分もあるが、私は二つのまったく違うものを考えていた。ひとつは、大切なものを安全に保管するには限界があったので、小屋を遊び場の延長として使うというもの。そして、もうひとつは、子どもが大人から押し付けられることなく、昔からの遊びを自由に広げていくための中心的な場にするというものだ。

遊び場の中での私の役割は、子どもが必要としている道具やしかけを用意しながら、子どもの遊びを見守ることと考えていた。そうしたこともあって、場の広さや子どもの数から来る限界については、はっきりと考えたことはなかった。そして、どんな遊びのパターンが展開されるのかについても、知る術はなかった。

振り返ってみると、この二年間、私は、夏の夕方の遊びのパターンを完全に見落としていたのだと思う。にもかかわらず、子どもの発散したい欲求はすぐにも明快になり、運営委員会の議論の的になった。

ロンドンのロラード通りの遊び場での経験は短く、自分のものというよりは枠にはめられた感じではあったが、この種の自由への欲求があることを知るには十分だった。けれども、そうした自由が持つ可能性を実感させてくれるまでには至らなかった。

遊び場小屋の二つ目の役割については、屋外の遊び場での中心的な遊びが、家や警察署、病院、お店、トロール漁船の漁師など、地域社会のパターンや機能に基づいているとすれば、屋内での遊びも同じようになるものと考えていた。確かに、子どもが考え出すものはいつも「本物」を求めていて、さらに聞いていくと、食堂や作業台、ミシンという風に、話は具体的になっていった。こういったプランをうまく実現するためには、さらに新しい大人が必要だろう。その時の私たちは、親たちにその役割を引き受けてもらえないかと考えていた。といっても、当番表を付けたり、決まったプログラムを子どもに押し付けたりということではない。それは、自由な遊びを目指して作られた遊び場の趣旨とは明らかに違ってしまうからだ。

その一方で、私は、教育委員会に援助を求めたいとも考えてはいなかった。というのは、そうなれば、必然と形に捉われたやり方になってしまい、どういう活動かに関係なく、屋内を必要としている子どもを遠ざけてしまうことになるかもしれないと感じていたからだ。

もっと具体的に言えば、私がやりたいと考えていたのは、子どもが遊びたいと思った時に遊べる自由があること、そして大人が子どものすることを決めていくというよりも、子どもに頼まれたときにリードできるように、親や他の大人が積極的に関われるようにすることだ。

この理想は、持続することこそ難しかったが、簡単に実現されることになった。小屋は四〇フィート×二〇フィートの大きさで、壁には一インチの厚みがあり、床はコンクリートのブロックで一フィートほど底上げされている。事務所と売店のカウンターがそれぞれにハードボードで区切られている以外は、部屋は一つになっていた。中には、小さいが頑丈なテーブル、椅子、学校にあるような背もたれのない古い長椅子、細長い作業台、そして、砂で隙間を埋めた石組みの流し台、コップ、お皿、お茶を作るための電気ポットなどが置いてある。オープニング・セレモニーこそしなかったが、子どもは中に入って行き、職人さんが手伝うまでもなく、自分たちでいろいろなものを作っていった。

一九五七年一月二日

今日は、三〇人ほどの子どもが遊び場小屋の中で思い切り遊んでいた。年下の子ども（七〜一〇歳）は一〇人くらいでストーブの周りを囲み、満足そうに漫画を読んでいて、年上の子ども（一一〜一五歳）は棚やコートのフックなどを付けたりするのを手伝っていた。パット（一四歳）とアニタ（一二歳）は、作った砂糖入りミルクティーを、「今日は実験だから」とみんなに無料で配っていた。アルバート（一二歳）は、自分から「パットのアシスタント」と称して洗い物をこなしていた。聞いたところによると、明日のメニューにはココアとコーヒーとビスケットが加わる予定で、週末にはケーキやミンスパイが出るという噂も立っている。

一九五七年一月三日

二〇分ほど早く遊び場に着いてみると、すでに小屋は子どもでいっぱいだった（職人さんが鍵を開けてくれていた）。パットとアルバートは紅茶とコーヒーの準備をしていた。他の子どもは、ソーセージロールやミンスパイ、大きなサンドイッチを持って来ていて、飲み物を待つ間、テーブルを囲んで楽しそうに話をしていた。作業台は使われていなかったことがなく、この後に本領を発揮し、子どもが熱心に大理石細工をするのに使われていた。（中略）いつもの悪ふざけが始まり、最後には、遊び場小屋を誰が片付けるのか（男子か女子か）で白熱した議論になった。

子どもには、「遊び場小屋は子どものものなので、好きなように使っていい」と、伝えてあった。また、作業したり遊んだりするだけでなく、片付けもできる人だけが自由に使えるということを伝えていた。そして、ほうきで掃いて片付けをするのが、毎晩の閉園前の仕事になった。

時にはたくさんの子どもが巻き込まれて、窓拭きや黒板消し、食器棚の掃除が遊びの中心になることもあったが、少し目を離した隙に、紅茶を沸かすポットの中で雑巾を煮てしまうこともあった。こうした掃除は次の年にも続いたが、まれに、その日の終わりの掃除をする雰囲気にならないこともあった。そういう時でも、決まった時間には部屋を閉め、きちんと掃除されるまでは、遊ぶことができないようにしただけだった。

この手順でうまくいかなかったことは特になく、いつも誰かが次の日にほうきを取り出して、熱心に掃除をした。遊び場自体も、同じようにしていた。掃除は遊びではないが、遊び場をずっと同じように使い続けられるということを、子どもが大切にできるようにする必要があっただけだ。

けれども、ある夏の日、遊び場に着くと、いつものように子どもが群がっていたが、鍵を開けてくれという声が聞こえてこないことがあった。というのも、南京錠が堆肥の中に埋められていたからだ。誰も責めることはしなかったが、この小屋を守るのは子どもみんなに責任があるはずだと考えて、「どうも、誰かがこの小屋を開けて欲しくないと思っているみたいだ」とだけ言い残し、私は自転車で遊び場を離れることにした。一五分後に戻って来てみると、堆肥は片付けられていて、

「南京錠はちゃんときれいにするから、オイルを買って欲しい」

という声が上がってきた。この手の事件は、その先二度とは起こらなかった。

小屋を開放した最初の頃は、明らかに普段とは違っていた。時にはたくさんの子ども（六〇人以上）がいて、どの子どもも落ち着かず、何か作業をしたり遊んだりすることもできなかった。それが、一度目新しさが薄れると、「小屋は毎日開いているのだから」とプレッシャーも和らぎ、新しく、より継続的な遊びのパターンが展開されるようになった。

疑うまでもなく、一番人気のあったのは売店だ。性別に関係なく、どの年齢の子どもにも人気があったが、売店を開くのは、子どもがどうしてもという時に限っていた。そして、いろいろな品物の値段を理解でき、きちんとおつりを出せると私を説得できる一〇歳以上の子どもなら、誰でも店員として物を売ることができるようにした。実際には、年上の子どもが責任を持つことができれば、年下の子どもも手伝ったり、物を売ったりすることができるようにしたが、カウンターに立てるのは一度に三人までと決めた。

この方法は子どもからも受け入れられ、一年で八〇ポンドの売り上げと一〇ポンドの利益を上げるくらいに、うまく運営されていった。たいていの場合の損失は、返す時に食器が壊れたり、おつりを時々間違えたり、気前良くミネラルウォーターをコップになみなみと注ぎすぎてしまった時くらいだ。

普通では起きないケースだが、外での遊びに気を取られていて、屋内を誰も見ていない状態になる夏の時期には損失があることもあった。次の日誌の記録は、典型的な夏の夕方の遊び場の様子や、すでに述べたように、一人で遊び場を見ていることの問題と、子どもの動き、私の考えが簡潔に書かれているので、全部を紹介したい。

一九五八年七月一五日火曜日

いろいろな意味でたいへんな夕方だった。外の雰囲気は、子どもの小屋作りはもちろん、レースコース作りで占められていた。コース作りはまだ終わっていなかった（ある意味、途中で投げ出されたままになっていた）が、完成している半分は使えるようになっていた。実際には、コースの途中にある二つの穴が傾斜を作っていて、それが遊び（より激しく放り出される）を面白くさせているようだった。

別の場所では、小さい門のそばでマイケル（一七歳）とヘンリー（一六歳）が、マイケルの持ってきた植物を植えるために小さな植え込みを作っていた。私は、どうもハリー（一二歳）が怪しいと確信していたのだが、遊び場小屋の中では、別の意味でドキドキするようなことが起こっていた。ハリーは遊び場にかなり早くから来ていて、すぐに小屋の中に入っていった（彼はよく売店の店員をしている）。ところが、彼はすぐに出てきて、通りに消えていってしまった。戻って来ると、ローントリーのキャンディを六袋、ピーナッツを八袋、トフィー・バーを六本など、全部で四シリングはする量のお菓子を持っていた。

運んできた新しい在庫を開けていたアニタとジューン、ロバートは、すぐに計算が合わないことに気が付いた。私は、彼らに対して、

「誰がやったかも分かっているし、大丈夫だから」

と、伝えたが、彼らも誰がやったか分かっていると言ってきた。彼らは明らかに、私が疑っている以上に、はっきりとハリーのことを疑っていた。そこで彼らに、

「もし、自分がプレイリーダーだったらどうする？」

と、聞いてみた。

「考えてみる」

と、言って彼らはその場を離れ、戻ってきた。

アニタは、

「まずは、ハリーをこれからは売店の中に入れちゃいけないと思う。それで、プレイリーダーには、ハリーのお母さんに伝えて欲しい。だって、リーダーがハリーを叩くわけにはいかないでしょ」

と、言った。

それ以上に理にかなった決定もないと思ったので、八時に遊び場を閉めた後、ハリーの家に電話をかけた。そして両親とも、快く自分を受け入れてくれた。家にはシミひとつなく、ハリーもいつもきちんとしていた。この家庭は間違いなく、ソーシャルワーカーが熱っぽく語りたくなる（多分、私もそうだろう）種類の家庭だった。

お母さんはお菓子を持っていたハリーを捕まえていて、彼にお金がないことは知っていたので、そのお菓子も取り上げていた。けれども、ハリーは、「C君からもらったんだ」と言っていたらしい。お母さんはすぐにそのお菓子を見せてくれたので、私たちは一緒に、取られたものをほとんど正確に確認することができた。

これは、誰のせいなのだろう？　両親はごく普通の人で、子どもの「町での悪ふざけ」に責任があるようにはまったく見えない。学校は、自分たちの任務は別のところにあると考えている。「一緒に遊んでいる子が道端でたむろできるようになっているのが悪い」と責めるのは簡単だ。けれども、この〈犯罪〉は道端で起きたのではなく、三年前に開園して以来、彼がいつも遊びに来ている遊び場で起きたのだ。どうして、突然、遊び場との信頼は失われてしまったのだろう？

「最初は、遊び感覚で始まったのだと思う」

と、私は言った。

ただ、ハリーや他の子どもが悪いことをしてもうまく逃れてしまうことができてもよいのだろうか？「ジョーは外にいるから、見えてないよ」という風になれば、それはもっと簡単になってしまうだろう。アニタも、

「今日は一ペニーだけだとしても、問題は金額じゃないのよ。もし、ハリーがうまく逃れてしまったら……」

と、言っていた。

もしすべての教員が手を引いてしまい、教育システムが機能しなかったとしたら、それは犯罪と呼ばれてしまうのだろう。私たちは、「教育は、親の責任」という言葉を受け入れてはならない。社会教育というのは、家の前の道端で「花開く」ものであって、トレーニングも何も受けていない親たちが責任を引き受けていくものだ。このような仕組みの社会であれば、昔からのパターンはきちんと繰り返されていく。

ハリーは、この父親のように「着実に、それなりに賢く」、何の疑問も持たずに育っていくのだろう。そこに答えを出すとしたら、「よい親というのは、社会の中で訓練されてきた子ども時代がなければ育たない」ということだろうか。だとすれば、青少年活動以外のどういう部門が、このような活動を担うことができるのだろうか。今日の青少年活動は、資金や施設、リーダーシップ、方向性のい

ずれにも欠けていて、その実践は必要とされていることの単なる真似事でしかない。
もう一度きちんと、売店を管理できるようにしたいと思う。けれども、あのような遊びを許してしまったことで、私たちが子どもに害を与えてしまってはいないかどうか、しばらく考えなければならない。私は、ほとんどの時間は外の遊び場の方にいるので、屋内をずっと見ているということは難しい。もちろん、何人かの子どもは手伝ってくれるだろうが、本当の責任は彼らにあるのではなく、私たちにあるのだと思う。

売店は、いつも、その名前どおりに呼ばれていたが、ホットドリンクやソーセージロール、サンドイッチを提供する役割はすぐにも終わり、フルーツドリンクやミネラルウォーター、キャンディ、チョコレート、ポテトチップス、ビスケットなどが売られるようになった。けれども、基本的には何の違いもなかった。初めに求められていたのは食べ物で、家から持ってきたものによって供給は満たされていた。ただ、後になってから、このような形で売店に補助を出すことに親たちがうんざりして、子どもは紅茶や牛乳、砂糖その他のものを自分たちの小遣いから出して店を続けることになった。

次の段階では、キャンディやミネラルウォーターが求められるようになったので、私は町の問屋さんと交渉して、子どもの注文のために人を派遣してもらうようにした。ここでも、何を選ぶかは子どもに任せ、順番でグループにサンプルを見せてもらいながら、注文を決めることにした。その後、子ども自身が倉庫を訪ねるようになり、さらに幅広い品揃えを見て、古くなったベビーカーを運搬用に使って六〜一〇ケースのキャンディを遊び場に持ち帰るようになった。

売店は、ものの売り買い以外に、人気のあるおしゃべりスポットになっていた。そして、社交場としての役割を、遊び場小屋の反対側にあるストーブ周りと十分に競い合っていた。売店に遊びと仕事の境界線があったかどうかは、議論のあるところだ。もし、遊びが自発的な活動で、大人から指図されることなく、独自に完結するものだと考えれば、売店は「ごっこ遊び」以外の何ものでもない。けれども、もし、売店の運営が、これからの人生に備えるための教育のプロセスだとすれば、その経験は日常世界の現実そのものであることに間違いない。

おそらく、他の遊びについては、議論となるほどのものはなかった。少なくとも冬の間、遊び場小屋の主な部分では、お年寄り援助計画が一貫して人気があった。当初、この計画は、遊び場で見られる遊びを周辺の地域に広げようと、私が考え出したものだった。子どもが、小さい子たちのために考えたり動いたりして小屋や船を作る力があるのなら、機会さえあれば、他の人が必要としているものにも目を向けることができるはずだと私は考えていた。

私が考えていたのは、早朝の火起こしや買い物、遠くに住む家族との連絡などだった。この計画は考え方としては受け入れられたが、町の福祉事務所からの認可が下りず、廃案になってしまった。私が受けた説明は、お年寄りの家で大人が付かずに子どもが活動するには、危ないことがいろいろとあるということだった。そして、それに納得するしかないだけの情報もあった。ただ、この計画は、子どもと一緒に事前からずっと話し合ってきたものだった。

この後は、方法や手段を探る話し合いになっていった。そして、売店の利益を使って雑貨を買うというものから、鶏を飼うというものまで、いくつもの提案が出された。けれども、実現不可能というう理由で廃案になった。売店の毎週の純利益は、わずか四シリングというところだった。そして、これは私の意見だが、大人が一人しかいない上に、その大人が休みの時には閉園しなければならない状態では、生き物をうまく飼っていくことは難しい。

一〇月と一一月初旬の遊び場の関心は、〈ガイフォークスの夜〉のためのたき火が中心になった。ほとんどの小屋は、このたき火の準備のために取り壊されたので、私たちはかなりの量の木枝や低木を手に入れることができた。ここで、問題の解決策が見えてきた。それは、自分たちでお年寄りのために薪を探してきて、無料で配達しようというものだった。この活動は、大体が遊び場の中で可能で、お年寄りとの連絡も週に一回程度で済む。正直なところ、このアイデアが子どもたちから出てきたものか、自分が出したものか覚えていないが（最初の頃の話し合いで出てきたことは確かだったが）、みんなからもすぐに受け入れられることになった。

当初は、コメントを書くこともなく、ただ次のように書いている。

「お年寄りのために丸太を切る作業は、途切れることなく続いていた。」

そして、次の週（一九五七年一月一四日）にも、

「丸太切りの作業を手伝うボランティアは、絶えることがない」

と、書いている。

一ヶ月後には、この作業が遊び場の中心的な活動になっていた。たいていは男の子だったが、何人かの女の子も関わっていたこの活動は、絶えず努力が必要な仕事であるにもかかわらず、熱意を持って進められていたことに驚きを覚えずにはいられなかった。

けれども、作業を競争にしたり、組織化したりするような動きはなかった。子どもは実際に何かできることを求めて、自分たちの小屋へ行っては、のこぎりで木を切っていた。材料も十分にあった

が、必要なだけの工具（この場合、二四インチの弓形のこぎり）も用意してあった。ここでの私の役割は、再び、別のグループの子ども同士が互いの遊びを邪魔しないように見ていることだった。この役割をこなすには、外の遊び場よりも、遊び場小屋のように限られたスペースの方が難しかった。

子どもの建てた小屋や遊び場小屋での遊びの方には、以前のような広がりは見られなかった一方で、薪の「生産量」は週を重ねるたびに増えていくばかりだった。この活動は一九五七年一月の初めに始まった。当初は、年金で生活している六人のお年寄りに薪を一袋ずつ配達していた。この取り組みは私が休暇を取ったイースター前に終了したが、その頃にはお年寄りのリストは二〇人にまで増えて、配達した袋は一七六袋になっていた。配達は、毎週土曜日の朝にベビーカーや手押し車で行われ、遊び場の四分の一マイル四方に広がった。薪を受け取った人からお金を受け取ることはなく、お菓子やケーキ、果物など、認められていたものを受け取っていた。

次の年、この活動は、延べ二六四軒への配達を行っていた。三年目の冬となった一九五九年三月二八日には、私は次のように書いている。

「この一八週間のあいだ、二四人のお年寄りに四二五袋を配達してきた。ここに、それについてのコメントを記しておこうと思う。土曜日の朝は、冬の間の出席率は良くなかったものの、薪の配達もそれほど多くなかった。全期間を通して、配達は四人の男の子が中心になっていたが、おそらく何十人にも及ぶ子どもが不定期で手伝っていた。この活動の第一の成功は、平日の間の実際の丸太切り作業にあった。ここでは、男の子も女の子も参加して、切りたいという熱心な声は絶えなかった。」

一つの例外を除いて、この活動に関しては何の問題もなく、明らかに人気があった。そして、子どもたちの有り余るエネルギーを発散するよい機会となった。小屋に大人がきちんと付いていない時も

配達のための薪づくり

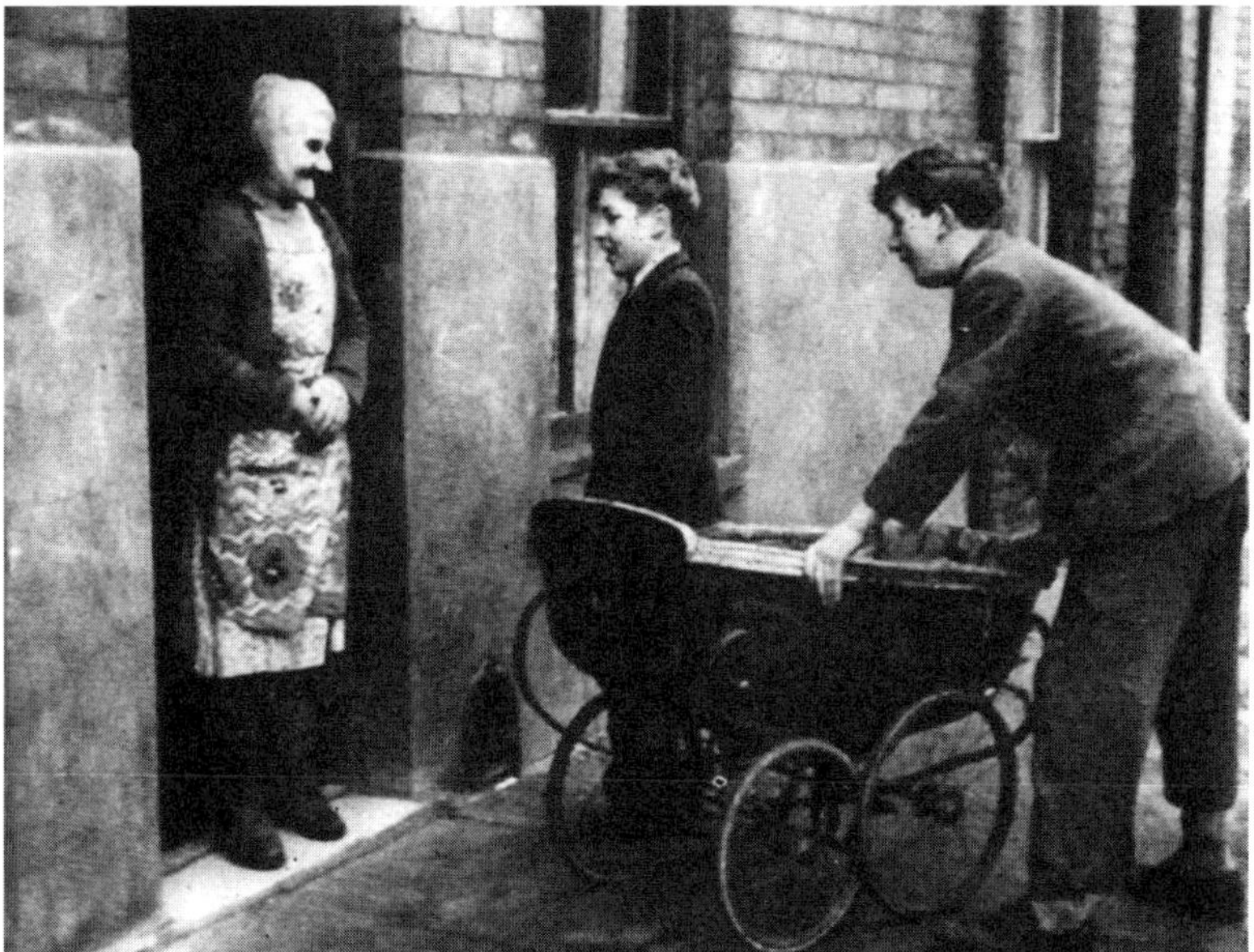

薪を配達する子どもたち

あったが、のこぎりで危険だったことはない。お年寄りが必要としているものを子どもに知らせることができるという方向性も素晴らしかった。そして、子どもたちと遊び場は、近隣のコミュニティから全員一致で受け入れられることになった。けれども、常に例外となったのは、材料のことだった。私は毎年の記録に、もっと何か手を打てたのではないかということを書いている。材料となる材木の供給はいつも不足していて、在庫の中心はすぐに線路の枕木やトロール船の板になってしまった。

演芸会は、特にやりたいという声が一貫して出ていたわけではなかったが、かなりの人気に達することがあり、遊びは自由に広がって、その展開もわかりやすかった。この遊びはかなり自発的で、男女が一緒に作業をしながら、舞台やカーテン、脚本や音楽もなく展開されていった。演芸会には、いつ、どんな子どもが始めるかという特定のパターンはなかった。時には全員が巻き込まれることもあり、また、他の遊びが平行して展開していることもあった。どちらの場合も、いつも問題になったのはスペースのことだった。

一九五七年一月二四日　ショーを開こうという話があった。特別な話し合いなので、私の事務室を空けることにしたが、実際にリハーサルをできるような場所はどこにもなかった。けれども、子どもの熱意に負けて、外の遊び場ではなく、遊び場小屋を片付けなければと思った。七時一五分。もう少し「具体的に細かいこと」を考えておく必要がある。

一月二九日　黒い雲と激しい雨で、子どもの多くは夕方には来なかった。それでも三〇人以上の子どもが集まった。最初、子どもは雨でびしょ濡れになり、ぐったりしているようにも見えたが、すぐに元気になった。この数ならば、私も楽に見ていることができる。企画者（パット、サンドラ、デビッド／一三〜一四歳）の上演は成功を収め、残りの観客は座って拍手を送っていた。

この日の演目は、「三匹の熊」だった。リハーサルはまったくなかったが、初めの方にあったクスクスという笑い声は消え、プロに徹した静かな演技は、見ていて面白かった。六歳のデレク（子熊役だが、声は父熊役よりも太くて低かった）や、大道具を担当したピーター、出演俳優から舞台装置係まで真剣だったので、この日の終わりには、来週は「ジャックと豆の木」をやろうということになってい た。今回は、アドリブはなし。きちんと台本を書き、色を塗った背景が作られることになった。あとは、ポスターと入場料のことが片付けば終わりだ。

一月三一日　今日の夕方は、子どもの数が軽く五〇人を超えている。すでに別の公演が行われることが決まっていた。観客には、七歳のテッド……そして年上の女の子が何人もいて、自作コメディであるかのように「三匹の熊」を見ている。夕方の早いうちは、主催者側が（テレビの真似をした）クイズショーをやっていた。いつもはギャーギャーとうるさく威張り散らすいじめっ子タイプのアルバートが、テーブルに寄りかかりながら観客に質問をしたり、頭を片方に傾けながら、顔に微笑をたたえているのを見るのは素晴らしかった。その姿は、まるでリチャード・ディンブルビー[*2]とギルバート・ハーディングを足して二で割ったようだった。

次の週の日誌には、いくつも同じような記述があった。

人形劇が上演されている

二月七日　夜七時一五分に役者とスタッフ以外を遊び場小屋から出して、「ジャックと豆の木」のリハーサルが始まった。実際には、六時一五分頃には準備が始まり、板材やベニヤ板にチョークで背景を描き、だいたいのものは完成していた。子どもは、全部自分たちで何とかした方がいいと言い続けていたので、この夕方まで、私はこの劇には手を出さなかった。

ところが、私が首を突っ込まない限り、明らかに、まったく何も具体的に準備が進まなかった。筋書きは決まらないし、どんなシーンが必要かもわからない。それどころか、配役も決まらないのだ。そこで、この夕方は、私は伝統的な大人の役割を演じて、なだめたり、命令したり、実際に見せてみたりして、だいたいの形を作っていった。ジェフとピートは照明、デビッドとアルバートを含めた配役のリハーサルは夜九時まで続いた。私は、門のそばにいた熱心な子たちを残して家に帰った。

また、このような演芸会の展開は何度となく見られたが、私が子どもの中に入っていくことは二度となかった（というよりも、必要がなかった）。

二月八日　この日の夕方は、おそらく、遊び場小屋を開いたとき以来の成功を収めた。外はどしゃ降りだったので、六時になり、やっと委員会と配役の子どもが、みんなを中に入れることになった。そして、お客は一人ずつ、入るときに漫画本を手渡されて、「静かに座っていて。歩き回らないで」と言われていた。

六時半には、五〇人を超える子どもと、年配の方が一人、親が二人、子どもに緊急の招待を受けたリブカ（私の奥さん）が集まっていて、劇は開演した。もうおなじみになってしまった「三匹の熊」を皮切りに、それぞれの子どもが順番に自分の芸を披露した。

ロバート（一〇歳）は、まさに売り出し中のコメディアン兼ピエロだ。トニー（一一歳）はいくつものポップソングを歌って、音楽なしで曲芸を見せた。ジョンとレスリー（両方とも九歳）は、「西部劇のような」戦いを見せていた。椅子の上を転げたり、中で回転したり、だいたいは馬鹿騒ぎになっているのだが、どれもみんな面白かった。「今から一〇分間の休憩に入ります」とアナウンスしたデビッド（一四歳）は、売店の方に走っていった。

その後、ラルフとブライアン（共に一四歳）が背景を、ジェフ（一二歳）が照明を担当して、（昨日の夜に！）必死になって作業してきた劇が上演された。劇は、かなり面白いものになっていた。初めに、観客の前で伸びていくことになっていた豆の木は、二フィートくらい上がったところで、ひもを垂木に掛けることができず、折れてしまった。ジャックはうまくオーブンの上に登ったが、そこから動けなくなってしまった（巨人の妻を演じていたサンドラ（一四歳）はわめきながら、クスクスと笑っている）。最後に、背景係は「農家の中」のシーンを出す予定だったが、「城の外」になってしまっていた。けれども、これに気が付いたのは私だけだろう。

劇が終わり、「ステージ」の真ん中にテーブルが置かれて、リブカと私が座らされた。その時、大きな歓声が上がり、アニタが「シャンティタウンのみんなから」と書かれた花瓶に入ったチューリップをプレゼントしてくれた。そして、アルバートが、満面の笑みをたたえながら、「シャンティタウンからジョーへ」と書かれたお金の箱と鍵を私にプレゼントしてくれた。

箱の中には、この夜の売り上げ（持っている子は二ペンス、大人は四ペンスの入場料を取った）と、プレゼント用に集められたが使われなかったお金を合わせて、なんと一七シリング一〇ペンスが入っていた。歓声が止み、私はアルバートよりもさらにニコニコとしながら立ち上がって、みんなにお礼を言った後、このお金をくぎ基金に入れるのはどうだろうと提案した。これには、「取っておけよ」、「俺にくれ！」、「お年寄りの人たちのために使ったら？」という声が返ってきたが、くぎ基金がかなり苦しい状況にあることと、くぎ基金があったことでこの小屋を手に入れることができたとも言えるということを説明した。「じゃあ、くぎ基金に入れよう」と誰かが声を上げ、この意見は採用された。配役と委員会の人以外は七時半に遊び場小屋を出た。まだこの夜の興奮は残っていたし、ふざけあいも続いていたが、片付けをして八時には遊び場を出た。

遊びの広がり方には、それぞれに核になるものやピークがあるが、それを過ぎると遊びが終わってしまうというものでもなかった。興味は、必然的に、初めはゆっくりと盛り上がっていく。それとバランスを取るようにして、ゆっくりと薄れていく。そして、この後には、よりよいものを求めて、「実りのない局面」とでも呼べる時間がやってくる。

二月一三日　創造的な努力のピークが金曜日に訪れてからは、今週は「雑然」として、協調性のない、遊びに関して言えば、概して方向性に欠けた週だった。もう一度演芸会をやろうとしてはいるのだが、やったりやめたりと、あまり乗り気ではない様子が見られた。実際に、「三匹の熊」は繰り返し上演されていたものの、「白雪姫」はうまくいったとは言えなかった。長椅子はあまり使われることはなかったが（材料不足？）、売店は今も健在だ。丸太切りの人気には驚かされ続けた。土曜日の配達分も十分に用意できているようだ。

私は、一歩引くという姿勢を取ってきたが、何かまとまった遊びが始まるように仕掛けようとすることもあった。子どもたちには、古き良きプロレスが人気のようで、あるいは、曇った窓に絵を描いている子もいた。誰も、自分たちが楽しんでいないとは言わない。そして、いつも通りに遊び場小屋は、帰る時には整頓されていた。子どもの数は、三〇〜四〇人というところだろう。

最初の二ヶ月では、子どもに積極的に関わる親たちを作りたいという私の望みは、形にはならなかった。父親たちはだいたい、船か水産関係で仕事をしていて、労働条件も労働時間も厳しかった。彼らは、仕事のない時のほとんどを、町にいくつもある労働者クラブのどこかで過ごしていた。母親たちは、家族との結び付きから離れて、お互いの家を訪ねてはゴシップやテレビの話に花を咲かせるか、近くの教会の援助で作られたビートル・ドライブ[*1]か、同じようなセンターへと通った。両性の社会生活のパターンは、どちらもはっきりとしていて、離れ離れになっている。私たちは、このパターンを掴んだこともあり、以下に書いたような形で、親たちの協力を得ることができた。つまり、親たちのやり方をそのまま受け入れてみることにしたのだった。

二年後の一九五八年一二月一二日、私は次のように書いている。

「親たちが主催したイベントは、（中略）大成功に終わった。一回目を開いた昨年は、一四ポンド強を集めたに過ぎなかった。それでも、地元の標準から言えばよい方だ。この手のイベントの平均は、五〜八ポンドといったところだ。この夜は、家に二七ポンド一〇シリング一ペンスを持ち帰った。地元の人たちが精力的に地域を回っていたおかげで、この数字が総売り上げかつ純益になった。広告費も、中古じゅうたんの売り上げでまかなうことができた。ここに記しておいた方がよいと思うのだが、この年、親の会は計八九ポンドを稼ぎ出していた（約三五〇人もの参加者があり、一五〇人以上の子どもに八シリングの小遣いを渡すことができたスケグネスへの遠足と、お年寄りのためのパーティーを除く）。

一九五九年四月九日、この親の会について次のように要約している。

「親の会は、主に二つの、はっきりと分かれた『村』の人たちで構成されている。村は、遊び場のあるアームストロング通りの両端に位置していた。ひとつはストートフォード通りで、漁師と大家族と狭い家とスラム、ケンカと酔っ払いの集まっているところなのだが、相互理解は無理だという予想に反して、核となっている人たちは、極めて自然に打ち解けて、自分たちの環境から生まれるたくさんの悲劇を乗り越えていた。

もうひとつのチャールトン通りの人たちは、基本的には労働者階級でありながら、気取っているところがあった。男たちのほとんどは、手工業か工場労働、商店などで働いていた。家族構成も小さめで、ストートフォード通りにある家とはデザインこそ似ていたが、修理の具合もよく、家々に自慢のインテリアが施されていた。それなりの近所付き合いもあったが、ストートフォード通りで見られるような深さや気質は持ち合わせてはいなかった。よく、『××さんと××さんの仲が悪いらしい』という声を聞くこともあったが、一日か二日後には、みんな元通りになっている。」

面白かったのは、遊び場がニュースになる時だった。それはいつも、遊び場が致命的な破壊行為を受けたか、資金がなくなってしまったという理由だったが、そんな時、チャールトン通りの人たちはすぐに連絡が取れなくなり、遊び場でも見かけなくなってしまう。ストートフォード通りの人たちについては、そんなことは決してなかった。風が吹いても、ひょうが降っても、泥だらけになっていても、ビートル・ドライブに来ては、「子どものために何かしよう」という話をしていた。

私の辞任が年度総会で発表された。その晩、チャールトン通りの人たちは、私がいなくなったら遊び場は続かないと言っていた。ストートフォード通りの人たちの反応は違ってはいたものの、典型的なものだった。親しみを込めて残念な気持ちを伝えてきた婦人は、

「新しい人があなたと同じくらい、いい人だったらいいわね。私たちは、あれしろこれしろとは言われるのは好きでないから。私たちのやり方に任せて欲しいのよ」

と、言っていた。

私は、多くの青少年育成のリーダーのように恵まれ、妻の献身的なサポートがあり、そのおかげで、新しいアイデアをある程度試すことができた。

この一二ヶ月間の彼女の関わりは特に貴重で、たとえ普通のことであっても、何が夕方の時間に人気があるのかを観察することができた。そこには、いろいろな遊びが次第に持ち込まれ、裁縫や刺繍、お絵かき、人形や指人形作り、ラフィアを使った籐芸などが行われていた。けれども、何をするかを選ぶのは、いつも子どもに任されていた。何をするにも、男女や年齢の制限もなかった。そして、子どもを無理に登録しようとしたり、興味が薄れているのに参加させ続けようとすることもなかった。他の子どもの邪魔をしない限り、遊び場小屋は子どもが使いたいように、自由なままにして

あった。

この週替わりのセッションは、一九五七年二月の終わり頃に始まった。その時の裁縫に参加したのはほとんどが五~九歳で、二、三人ほど年上の子がいた。そして、毎週の作業が終わるとすぐにも、女の子たちはそれを遊びに取り入れて広げていったので、子どもがやってみたいという時にはいつもいろいろな遊びができるようになっていった。

私たちの狙いは、子どもが創造的に表現する機会を作ることと、大人が規制を押し付けたり、プログラムにはめ込んだりすることなく、子どもを見守ることにあった。学校やクラブでは、週替わりの工作教室にもきちんとした場所があるが、私は、子ども個人の遊びの枠組みにも同じような機会を用意する必要性を感じている。ただ、こうした必要性は常にあるのだが、それは子どもの状況や雰囲気によって変化する。そして、それこそが、こうした活動を評価するための基礎となるものだ。判断基準は、継続して参加する子どもの数ではなく、完成品の有無でもない。子どもの目を通して子ども自身が完了したと判断した時が終わりにならなくてはならない。そこに目を向けなければ、遊び全体の基本は見失われることになる。

冒険遊び場は、どんな時にも、すべての子どもが持っている自由な振る舞いのために、特に考え出された遊び場だ。この子どもの振る舞いに沿った考え方は、子どもが遊びたいと思う限り、屋内も屋外も、穴掘りもお絵かきも、小屋作りもお財布作りも同じように当てはまるべきだ。遊び場小屋にプログラムを持ち込むことは、厳格さを持ち込むことになる。それは、昨今の言い方で言えば、「文化的硬直」と表すこともできるだろう。

私たちの活動を測るものさしは、導入された様々な活動への子どもの反応で決まる。幼児のグルー

常連の女の子たち

プには、すぐにも一〇〜一四歳の女の子たちが混じってくる。その後で、さらに一四歳や一五歳の男の子たちが入ってくる。最初はフェルトの切れ端を使ったお財布作り程度から始まった裁縫は、ペダル式のミシンが手に入ったことで、女の子たちのスカートやドレス作り、男の子たちの鉤針でできた財布や小銭袋作りへと展開していく。他の子どもが人形作りをすれば、人形劇作りになり、今度は公演をやろうという風に続いていった。

こういった遊びは、間違いなく、毎週やってくるリブカに刺激されて生まれてきたものだ。けれども、遊びは毎日起きていて、大きい子たちに見守られながら、子どもは自分の興味とやりたいと思う気持ちだけで遊んでいる。演芸会の場合のように、子どもは夢中になって遊び、遊びはピークを迎えて、次第に消えていく。時には、すべての子どもが同じものを別々に作っているようにも見える。またある時には、乱暴さだけが見られるという場合もある。それでも、子どもには自分のやり方で、自分のやりたいように遊ぶことができる余地がある。

たとえば、木工テーブルでの手作り楽器工場の出現を止めるものは何もなく、私たちもやめさせるつもりはなかった。そこでは、木片やトフィー缶、お茶箱、ひも、針金、釘、ペンキを使って、男の子たちはほとんど一ヶ月以上を費やして、音楽的なことさえ考えなければ、楽しいギターとバンジョー、コントラバス、ツィターという素晴らしいコレクションを製作していった。

リブカが遊び場に来なくなったかなり後になっても、こうした遊びが続いていたことを見れば、このアプローチがうまくいったことが分かる（我が家の三番目の子どもの誕生が迫っている時だけだったが、彼女は一九五七年の終わりに遊び場を離れなければならなかった）。新しいボランティアが来ることはなかったが、一九五八年一月から次の年まで、地元行政の活動が導入された時にも、子どもは自分たちの好きなことを十分にすることができた。リブカが最後に遊び場に来た半年後の日誌を見ると、遊び場のどこを見ても（！）、まったく何も変化していなかったことが分かる。

一九五八年六月一九日　最初はサンドラが始めた長時間のお絵かきは、メアリーとマーガレットに引き継がれ、最後は私が終わらせることになった。同時に、機械もずっと使われていたが、私たちは、何をするか迷うことはほとんどなかったように思う。そういった遊びも七時には飽きられ始めていたが、新しい遊びが始まり、閉園の時間まで続いていた。

××さんが、ピーターとロバートのことで話をしに来た。ピーター（一〇歳）は、トラブルになるのをちょうど逃れたところだった。彼と仲のいいニールとスチュワートが近所の店に入り込んでつかまったのだ。ニールはすでに少年鑑別所で顔を知られていた存在だったが、再び収監されることになってしまった。一方のスチュワートは、罰金刑だけで釈放されていた。昨日は、ピーターともう一人の子どもが、ドックから一人用のカヌーを港まで持ち出して、沈めてしまっていた。それが誰ものだったのかは、未だに分かっていない。

一〇歳の彼らが一番最後に警察につかまった時の話をしていると、話題はワトキン通りにある少年鑑別所のことになっていた。「あそこはいいぜ」とコリンが話していたが、一番の関心は、「ベッドで本が読めるんだぜ。漫画もくれるし」、「ビリヤードがある」、「庭でクリケットができるよ」といったことだった。無理もないことだが、それを聞いていたサンドラは、

「そこは入るには、お金がいるの？」

と、私に聞いてきた。

一九五八年七月二二日　絵を描いて遊んだ後は、体操と競技会が始まった。後者は、今日届いた廃品の中にあった古い体育用マットを使って始まった。アニタ（一三歳）とマーガレット（一三歳）は素敵な体育教師になり、ベンチと片方のマットも同じように素晴らしい「跳馬の台」になっていた……

私たちが望んでいた継続的な援助は得られることなく、また夏がやってきて、お絵かきや工作は他の遊びへと移っていった。遊び場小屋では、子どもが自分たちで完全に遊びを仕切り、いくつものショーも行われていた。

それは、くぎ基金のためのお金集めや体操の時間、前もって用意された型を披露する自転車ショー、時間通りに正確に進むプロレスショー、「学校」や「レストラン」と名付けられた即興の集団ゲームなどだった。

「レイ、マイケル、ラルフ（全員一五歳）の様子を見るために、シミひとつない遊び小屋へ顔を出すと、彼らはテーブルを囲んで話をしていたところだった。カウンターにいたジリアン（一二歳）に、『ちょうど五分経ったら教えてね。今、ちょっとしていることがあるから』と、言われた。ちょうど五分経って遊び場小屋に入ると、彼女とマリオンとシーラが三人の男の子の会話を記録に付けていた。結局、汚い言葉を三〇回言ったマイケルが勝った。

『私たちは一つの言葉を数えていただけだったんだけどね』と、ジリアンが言っていた。

売店は、いつも遊び場の中心で、工作台やミシン、小さい砂場、二つある黒板にも、子どもがいないことはめったになかった。夏休みもたけなわで、外ではいつもの遊びが展開されていた。」

一九五八年八月一四日　新しいシャンティタウンが確実に生まれている。けれども、それは今まではない形の、紛れもない「ワンダーランド」となった。つまり、それは、キャンディフロス[*3]のないクリソープ[*4]だ。デビッドの「ダイブ」には二人が挑戦したが、長さが変わるだけ（しかも、危険）だった。ブライアン（九歳）が「全員にりんごをプレゼント」のサービスをしていた一方で、フランクとシリル（二人とも一四歳）はかなりの成功を収めたようだった。

ジョージ（一三歳）は、すばらしい出来ばえのブランコを揺らしていた。ブランコには、ロープの代わりに、きれいにねじった二〇フィートのトロール網が使われていた。「とても安全なんだ」と彼は断言していた。「これは普通のブランコのようにも使えるし、小さい子はこういう風に乗せるからね」と、彼はすぐに、自分がお守りをしている一歳の子どもを乗せ、完全に網でくるんだ状態でゆらゆらと揺らしていた。

他にも、別のデビッドはアニタのアルバイトとして仕事を引き受け、二人で一日中、お土産屋をしていた。ラルフも店を開けていたが、客はほとんど来ていないようだった。すべてお金を取るものだったにもかかわらず、収入は極端に低かった。お金に関する限り、木曜日は決して良い日ではなかった。「今日の乗り物は、実験台にさせられるようなものだけだよ」と、シリルは言っていた。

どんなことをした時にも、子どもの遊びをひどく疑いの目で見る人たちの存在は消えなかった。遊

コミックショップ前の行列

すべり台の前に集まる子どもたち

び場や遊び場小屋に対する大人の見方は、そのほとんどが、一見しただけの印象に基づいていた。時には、私たちを支援してくれていた人でさえ、目にしたものを理解できずにいた。私は、そのことを、一九五八年一二月五日に次のように書いた。

「昨日の夜は、遊び場を訪ねてきた二人と話をしていた。人形劇場が『致命的に壊されていた』。そこに『あえて介入しない』私のやり方に同意は得られなかったが、自分は間違ってはいないと思う。その完璧な例を紹介したい。特に、どうしようもなく壊れたものではなく、どこかから古くなったものを持ってきた場合にはいつもそうだが、子どもはそうした道具を使うものだ。けれども、しばらくしてから、子どもはまた別の新しいものを作り出すために、一度それを壊す。

この夜、トニーの劇場に起きたことの顛末だ。この劇場は、彼が作り上げた作品とも呼べるものだった。彼は、人を楽しませることに心を注いでいたが、その意味では、この劇場は完全に彼の所有物ではないとも考えていた。その劇場が壊されていた時、彼はその場にいなかった。劇場は、彼の許可なく壊されていたのだった。

この顛末の真実と、今ここにこれを書いている理由はこうだ。彼は夕方に戻ってくると、その壊れているところを調べ、それを回転させて、残された片側の方に寄せ、古くなった四角いテーブルの上に乗せた。そして、前側に突起を付けて、二つの古い体操マットを馬の胴掛けになるように上にかぶせた。すぐにも、戴冠式用の馬車と馬に使うような色鮮やかで素敵な飾りが付けられた。これが、三〇分後には『ウェルズ・ファーゴ・ステージ』になっていた。そこでは、腰まで裸になったインディアンの集団が、チョークで体に色を付け、敵を追いかけ、攻撃するという遊びになっていた。この遊びには、九～一三歳までの二〇人もの子どもが夢中になっていた。」

三日後には、次のように書いている。

「外は大雨で、中ではすごい海戦が起きていた。人形劇場はこの夕方に完全に消えたが、その前に、劇場は潜水艦になっていた。一時は、丸太が魚雷として使われていた。ベンチやマット、長椅子は戦艦になった。縫い物、チョーク遊び、黒板や紙に船の絵を描くといった遊びをする子どもが少しいた以外、夕方のほとんどはこの遊びで終わった。『みんな外に出てくれ！』と私が言うと、使っていたものをすべてそのままにして出て行ってしまいがちで、この時も『後で片付けをする人だけが遊んでくれ』と警告すると、ロイ（一二歳）は、『それはもっともだ。それなら、今は、みんな味方だね』と言っていた。」


良い方に見積もっても、私たちは子どもを道路から引き離しただけだったのだろうか。それとも、悪く見れば、公共のお金を無駄にしただけだったのだろうか。私たちは一九五九／六〇年度のプレイリーダーの給料を補うための助成金申請を教育委員会に提出していたが、それが通ることはなかった。今までのように、運営委員会は半額の支給という代案を受け入れるかどうかを考慮しなければならなくなった。これまでの経験からすれば、地元から得られる資金という点では、やりくりはほとんど不可能に近い。過去の資金のほとんどは、町の外から獲得していた。

一九五九年一月、運営委員会は会合を開いて将来の方針について話し合った。私は日誌に次のように書いている。

「行政側から財源を得なければならないということで、私たちはたくさんの根深い弱点をさらけ出すことになった。そして、それ以上に、私たちは事業の意味を緊急に明確にする必要がある。私たちの規約は、『冒険遊び場を運営すること』と記している。

過去三年以上にわたって、私たちは、この言葉が全国的にいくつもの違った形で、幅広く解釈されているのを見てきた。グリムズビーの遊び場に関しては、私の知る限り、冒険遊び場が定着する前の、完全に独立した初期の実験的な活動から生まれてきた唯一の遊び場だ。広くメディアに取り上げられた事実は無視されることになったが、遊び場運営の組織としては、この実験を成功と捉えていたことは無視できない。そして、そこで達成してきたものが、その後の方針とアピールの基本になってきた。」

遊び場の社会的なパターンやその作用は、夏のお店、幼児のための作業、くぎ基金、小さい子たちのためのクリスマスパーティーやお年寄りのための薪運びなど、自由な遊びそのものと同じように遊び場に定着していた。けれども、そのどれもが、最初は、自由な遊びの一部としては考えられていなかった。

冒険遊び場は、大人に邪魔されることなく、好きなように発明したり実験したりという、自由に遊びたい子どもの欲求を考えてデザインされている。大人は、子どもの安全や子どものコミュニティを守るためだけにいる。

グリムズビーの遊び場の成功は、「リスク」を安全な環境の中で作ることができることと、こうした自由こそが本来の社会意識を育てていたことにある。それは、「求めていたものを与えられた子どもは、豊かに成長していく」ということの証明につながるだろう。

決められたプログラムとインストラクターを持ち、形式を重んずる学童向けのクラブ活動では、同じような仕事を求められてはいるものの、かなり違ったことが行われている。子どもが持つべき（そして持つだろう）自由を大人たちが認めないのは、彼らのせいではない。道端に集まる代わりになるものを、クラブ活動という形でしか用意できずに来てしまった過去の私たちが失敗したということだ。

私たちが何をしても、子どもは野原や納屋、積みわらで遊ぶのと同じく、道端、ドック周辺、線路で遊ぶ。つまり、大事なのは、これらの遊びが昔から続いている遊びであって、それを止めさせることは、成長するなと言うことに等しいのではないだろうか。もしそうだとすれば、私たちの仕事は、クラブ活動や遊び場、プレイリーダーを用意するなどして子どもの幅広い興味をカバーするだけでなく、子どもが必要としている場や状況を作り出すことにある。

この夜、もし、私たちが週一回の夜に「形式的な教室」を実施すれば、（教育委員会との間で）良い条件を引き出すことができるかもしれないという提案が出された。一方で、そんなことをしても何の効果もないという意見も出た。「かなづちと釘だけを大事にしたやり方」では進展はほとんどないし、何も学べないという批判もあった。子どもは何年経っても同じことをしているだけではないか、ということだ。また、「その活動は公正に見ても、規約の2b項に該当するから大丈夫だ」という声も出た。そして、（今残っている財源で）開園日数を減らすか、プレイリーダーの契約を六ヶ月だけに変更するかという提案が出された。他の「道」も多く探ってみたが、すべてどこにも行き着かなかった。

私たちのやってきたことは、今も実験の段階を出ていないと認めないわけにはいかなかった。そして、それは、きちんと定義された考え方の上を確実にたどり、持続してきた実験だった。つまり、私たちは、ここで二つの決定的な問いに直面していた。

1　私たちは、何かを学んだのだろうか？
2　私たちは、続けることができるのだろうか？

私たちの取ってきた方法は正しかったに違いない。「理論は現実になった」ということは、確かに学んできた。だとすれば、どんな状況にあっても、活動を型にはまったものにするべきではない。その代わりに、このことで助成金を手にするチャンスが失われるならば、私たちの実験は資金援助が途絶えたことを理由に解散するという事実と向き合うことになる。その時には、私たちの発見を本にして出版していこう。

二つ目の問いへの答えも同じ方向にあるように見える。もし私たちが大事にしてきたことにこだわって資金を得られるのならば、私たちは確実にこの活動を続けるだろう。けれども、この方向での見込みは限りなく薄いとすれば、私たちの仕事はこの遊び場の正確で客観的な記録を書き留める努力を惜しまず、過去五年以上の経験がすべて無駄にならないようにすることだ。

ここで、運営委員会自体の構成について振り返ってみたい。遊び場協会は一九五四年に結成され、実行委員会は一四人を数える。構成は教師、校長、ソーシャルワーカー、保健婦、主婦だった。遊び場設立の基本的な考え方は全会一致で決まったと思われる。確かに実験の初期の段階では部署が分かれてはおらず、事実、そのおかげで実行委員会が常設の遊び場に向けての計画を進めることができた。屋内活動への実行委員会の考え方は今のところ推測の域を出ないので、ここでは述べない。

一九五九年までの五年以上の間、初期の一四人中一二人が辞任している（方針について異議はなかった。一般的に見て、グリムズビーは教師やソーシャルワーカーの配置換えが激しい町だった）。辞任した一二人のうち、最初の二人の事務局、最初の三人の会計、教育委員会の担当を含む六人は町を離れ、他で仕事を見つけていった。一人は病気が原因で、最初の二人の代表を含む五人は他の仕事が忙しくなり辞任した。これがすべてではない。同じ期間に他の人たちも実行委員会に入った。けれども、ある一人は後に、「会計の責任がこれほど大変だとは思わなかった」と、辞任している。全部で二九人が実行委員会に関わり、二一人が辞めていった。そのため、遊び場については脚色されたものも含め、様々な声が聞かれたのも不思議ではなかった。

教育委員会への公正さも兼ねて付け加えておくと、この地域には工作教室を開くような場がどこにも見当たらないことは明確にしておきたい。リーダーシップや資金を地域のボランティアに完全に依存した少年消防団、赤十字、ボーイスカウト、カブスカウトに参加する男の子はほんのわずかだ。さらに言えば、そういった活動も、毎週最大で二時間しか時間を取ることができなかった。

女の子のための地元のグループは存在しなかった。用意された活動は組織の方針に則したもの（鼓笛隊の練習、応急手当、スカウトの規則）で、たいていは最後にゲームをした。会場は主に、毎晩違う活動で利用されている地元の教会のホールだった。団体の子どもの数はどこも似たもので、年度始め（九月）でさえ、二〇人を超えることは滅多になかった。そして、新年を迎える頃には半数に減っていることもよくあった。より幅広い年齢層が含まれているとは思われるが、遊び場に来る男の子の中で、こうした団体に入っている子の年齢は九～一二歳だった。

こうした結果から、遊び場小屋での工作教室の可能性を探るため、私たちは一九五九年二月に地元行政による実験的な活動を導入することにした。私は、この活動を通して、過去の経験を再確認することができるだろうと感じていた。そして、子どもの登録数の不安定さで失敗と判断されないように、そして活動が拡大した時に、決められたやり方以外で工作をしたい子どもが除外されることで成功と判断されないように、ということを望んでいた。

この教室には、二人の教師が関わることになった。アシュトンさんは水曜日と金曜日に一時間という予定で、マーチンさんは同じ時間帯の火曜日に顔を出すことになった。どちらも、地元の小学校にいたことはなく、遊び場での私たちの仕事について、初めは何も理解していなかった。誤解がないように言うと、私は彼らの協力を常に快く思っていたし、時として彼らの考え方とぶつかるような提案もしてきたということを付け加えておきたい。準備のための話し合いをした後で、彼らは遊び場に何度も足を運んで「見学」していった。そして、彼らが何人かの子どもと知り合うことができた時に、工作を取り入れ始めるようにした。次に日誌から引用した部分には、工作教室が始まってからの、遊び小屋で見られた遊びの展開と子どもの反応、そして、私個人のぼやき……。

一九五九年三月五日　この前の週は、ベンチの上、机の下、板材に沿って作られたゲリラ部隊のコースでの遊びが猛威をふるっていた。この夕方も、今までにない競争が展開されていた。ところが、マーチンさんが六時半に着いて、二つの大きな塩のかたまりと、刃先が鈍ったノミ、壊れたハサミ、ドライバー、折りたたみ式の小型ナイフ、壁の金具などの工具一式を持ってくると、しばらく見たことのなかった興奮の混乱状態が作り出されていた。
実際に作業しているのは十数人の男の子たちだけで、周りに同じくらいの数の見物人がいた。さらに他の子たちもいて、「全部、いつも男の子向けのものしかない」と、アニタは怒っていた。その一方で、遊び場一の暴れん坊でもあるトニーは、塩の彫刻の途中に休憩して、
「ジョー、いいと思わない？　ただ暴れているだけよりもいいよ」
と、言っていた。

三月一二日　参加者は減るどころか、マーチンさんのグループは女の子も巻き込んで、人数を増やしていた。この日の夕方は粘土の時間で、再び、遊び場で人数が一番多かった時の半数以上もの子どもが参加していた。

私たちは、人数の登録と共に、「発展的な」遊びの記録を付けなければならない。この夜、別の場所では、一五歳になる子たちが何人かでお年寄りのための薪を切り、女の子たちは裁縫をして遊んでいた。けれども、これは登録の数に入らないのだろうか？　それとも、入るのだろうか？　もしくは、正式なインストラクターがついているものだけが人数に入るのだろうか？

三月一八日　午後七時を過ぎて、工作教室の子どもの数が最大（四〇人）に達し、一四歳の男の子たち三人もアシュトンさんと裁縫をしたりするなど、どの子どもも入り混じって遊んでいた。一方で、

裁縫グループの人数は少なく、多い時でも一二人を超えることはなかったが、夜六時一五分〜七時四五分の合計は二一人になった。

この夜は盛りだくさんで、以前から続いていた人形劇やホップスコッチ[*5]、鬼ごっこ、レスリング、チョーク遊び、学校ごっこ、丸太切り、薪割りといった遊びが続いていた。事務所で模型作りやお絵かき、売店でお話作りといった遊びは誰もしていなかった。アシュトンさんは、「四、五人の手伝いがあれば間に合うから」と話していた。

三月一九日　マーチンさんの粘土の時間は、再び、活気にあふれた。子どもは熱中していて、参加人数も維持されていた。けれども、シリルやトニー、その他の子どもたちは、どこかに行ってしまった。年上の女の子たちもまた、小屋の中にはいるものの、参加はしていなかった。「ぐちゃぐちゃになるから」と、クリスティン。「歯が痛いし」と、アンジェラ。すべてが終わり、湿った粘土がテーブルの上で乾き始めていたが、クリスティンとアンジェラが、明日のバザーに向けて粘土を削ぎ落とす掃除パーティーをリードしていた。

ここで、この事業の結果を記しておくべきだろう。遊び場事業の調査は、一九五九年四月に完了した。遊び場小屋の使われ方については、次のようにまとめられている。

「この事業が導入されてから九回の教室が行われた。教室に一回以上参加した子どもは合計六八人で、一回の教室の最高人数は二八人だった。全九回に参加した子どもはいないが、最高は六回（一人だけ）で、数人の五回がそれに続く。」

これに基づいて、この事業は期限を設けずに継続され、講師が休みの時だけ中止になった。個人個人は自分の好みで自由に選んでいたが、全体としてはこの特別な講座を好意的に受け止めていた。このことは、登録者が継続的に増えていったことを見ても十分に理解できる。最高で一人九回の参加という枠ではあったが、この事業が取り入れられてから三ヶ月で一五〇人近い登録があった。

しかし、そこに参加しないといっても、子どもは必ずしもその場にいなかったわけではなかった。あまり禁止事項のない遊び場を最大限に利用して、明るい夕方や学校が休みの間には、幅広く自由な遊びを求めている子どもの姿があった。遊び場小屋では、どれだけ自由に遊べることを大事にしようとしたとしても、常に他の子どものことが気になったし、窓や家具は守らなければならない。そして小屋にも注意を払わなければならない。

屋外の遊び場では、それほど問題になることはなかった。子どもは、大人や他のグループの子どもからのプレッシャーとぶつかることなく、自分たちの好きなことをしていた。次の日誌は、私が遊び場で精力的に動いていた時期の最後の方になるが、外の遊び場の人気は、まったく衰えてはいなかった。

一九五九年三月二六日（学校のイースター休暇）

休みの初日は、たいてい静かだというのに、今日はまったく違っていた……どんな理由であれ、一日中、遊びには活気があった。季節柄、子どもの数も増えた。最近、売店を占領しているクリスティンとアンジェラ（それぞれ一二歳と一四歳）は、午前中ずっと窓ガラスをきれいにして、付いてしまった絵の具を落としていた。そこに、小さい子どもたちが群がり、「手伝い」をしていた。

外では、スチュワートとロバートがホースを使ってトイレをきれいにしていた。あちこちで穴掘りが始まっていて、いくつもの枠ができていた。「プリムローズ・ヴィラ」では、レモネードとビスケットでパーティーが開かれ、マーチン（一〇歳）はとてもフォーマルに、そしてきちんと、「こと」を運んでいた。

「これはね、僕たちの基地の二ヶ月記念のお祝いなんだ。」

遊び場小屋では、外の天気など関係なくホットのフルーツジュースが出され、ストーブの上ではじゃがいもが焼かれていた。

シャンティ・レビュー紙を編集するちょうどいい時期に、最近になって病院から退院してきたデビッド（一五歳）は、「報道に進むべきか、古道具屋の経営に進むべきか」について、私の意見を知りたがっていた。彼は今、ワンタッチの蝶ネクタイを身に付け、すべてを注ぎ込んで、グリムズビーでいくつものバザーの開催を仕事にしている。

小さい子からスタンプ器を取り上げ、その後、自分のものにしていたトニーに話をした。彼はむっとして出ていったが、戻って来て基地作りを続けていた。明らかなのは、私が彼からまったく好かれていないということだ！　それと同時に明らかなのは、（トニーにはいつも当てはまるのだが）彼は本当に遊び場が好きだということだ。

遊び場小屋

関係者以外立入禁止の看板

四月三日　基地作りはいつも通りだが、時期的にはかなり早く、今の遊び場は最高に活気がある。「プリムローズ・ヴィラ」が建ってからしばらく経つが、最近、物置を置くための裏庭が拡張されていた。「ホーム・スィート・ホーム」も完成し、今日はデイブ（一五歳）とダグ（一三歳）が「お店」を完成させた。

「近日開店／ジョーのくぎ基金にご協力を」

こうした光景は、いつもはシャンティタウンが最後の場面を迎えているか、最高潮に達している時で、七、八月よりも前に見られることはほとんどないのだが、天気の良さと材料の豊富さが重なって、小屋作りの広がりが早かったのだと思う。


けれども、ここでの自由は完全なものではない。本当の自由というのは、様々なものすべてを含んでいる環境の中にこそあるものだ。グリムズビーは、他の町と同じように、自然の遊び場も他に興味を惹きつける場所もある。馬丁の囲いがあり、汽車を見るには最適な踏み切りや、積荷や漁船が見られるドックがあり、釣りや泳ぎに出かけるヘイヴン川、かくれんぼや鬼ごっこで遊ばれている無数の路地裏。誰もが入れる地元のゴミ捨て場「ザ・ティップ」は、多くの子どもにとって、発見と冒険の場だ。それに加えて、もちろん、近くには普通の遊び場やサッカーコートもあった。

私たちが開園している間、こういった場を見て回ることはできなかったが、私はそういった場をとても意識していた。私が見て、記録していたのは、遊び場の中に入り、出て行く、「部族」とも言える子どもたちの移動だった。全体にわたる子どもの数の違いは、時期の違いだった。

夏には、冬よりも二～三倍の子どもが遊びに来た。中には、一年中顔を出す常連の子どもが三〇～

四〇人くらいいたが、彼らはみな遊び場の半径二〇〇メートル以内に住んでいた。けれどもこの数の他に、さらに別のグループ（ギャングなどではなく、男の子も女の子も、幅広い年齢の子どもが含まれていた）が動いていたが、たいていは通りごとに集まっていて、彼らがやってくる時は、まるで常連の子どもたちであるかのように律儀に遊び場に通っていた。そういった集団は、六週間〜三ヶ月という期間でやってきたが、不思議にも何の理由も分からず消えてしまうのだった。

けれども、それと同時に、一定の時期を置いて別のグループがやって来ると、今まで他の場所にいたとは思えないくらい自然に遊んでいくのだった。私が気付いたのは、こうした動きは、たいてい、学校の休暇の始まりや終わりといった区切りと一致しているということだった。

そして、私は遊び場の門を越えて彼らを追うことはなかった。少なくとも六つのグループがあって、それぞれのグループは独立した動きをしていたが、そのグループによって、来る子どもの数は維持されていた。それぞれのグループに関する限り、多くの子どもは、お互いの存在にほとんど気付いていなかった。そして、必ず違う年齢の子どもたちが混ざっていた。また、一緒に遊ぶことはあったとしても、それは珍しいことだった。こうしたグループは確実に存在していたが、それが遊び場の外でどのくらい存在していたのかは、想像の域を出ない。

遊びと遊び場のことを考える時、選択の自由は論理的に見ても、たったひとつの遊び場の周辺というよりも、さらに広い地域での移動の自由があり、そこでの遊びの豊かさを十分に考える必要がある。私たちは、子どもを遊び場に誘うための要素を考えるのと同時に、子どもを遊び場の外に引き出していくための要素を知らなければならない。

子どもは大きくなるほど、新しい発見を求めて、さらに遠くを目指そうとする。このことひとつを取っただけでも、研究の余地はあるだろう。そして、こうした考えは、懐の深い遊び場を広げていこうとする今日には特に重要となる。

グリムズビーに関する限り、遊び場の場所は、一九六〇年に商業用地の開発に利用されることになった。そして、代替地が探されることもなく、誰かから土地が提供されることもなかった。当時の教育委員会は、青少年育成基金の潤沢な資金に気付くこともなく、正式には対象年齢に当てはまらない子どものための実験的な事業への支援には気持ちが向かないままだった。

最初の事業のほとんどは、全国運動場協会からの資金が提供されていたが、それに続く常設の継続的な事業は、ナフィールド財団の寛大な助成金でまかなわれた。いずれにしても、国内や海外からの大きな関心があることから、この遊び場はこの分野全体に確実に貢献するものだったと考えたい。

＊1　教会が主催するチャリティ・イベント
＊2　当時の著名なアナウンサー
＊3　観光地で売られているおみやげ用の金太郎飴。包み紙に、それぞれの観光地の写真が入っている
＊4　イングランド北東部にある海辺の観光地
＊5　ケンケン遊びのこと

8 遊びについての考え方

年上の子どもたちの遊びについて、大規模な研究費が付くようになるまでには、おそらく、私たちは長い道のりを進まなければならないのだろう。けれども、こうした研究が可能になった時には、ただ大人が用意した遊び場や、大人が遊び場として認識しているところだけをベースにするような間違いを犯してはならない。それこそ、子どもの自然な創造的本能と大人の活動パターンとの関係自体が、考察する価値のあるものではないだろうか。

たとえば、材料があるにもかかわらず、なぜ秘密基地作りはいつも九〜一〇月に終わってしまうのだろうか？　確かに、この時期を過ぎると、材料の調達を維持するのが難しくなるのだが、理由はそれだけだろうか？　こうした遊びは、大人の世界の建築と同じように季節的なものなのだろうか？

こうしたことから、「建築遊びにこだわって一年を通して自由な遊びを保障しようとしている人たち」には、どのようなことが伝えられるのだろうか？　さらに言えば、なぜ、秘密基地作りに見られる建築遊びは朝と午後に盛んで、夕方にはほとんど起こらないのだろうか？　なぜ、一日中同じチャンスがあるのに、子どもは夕方にだけ一息ついて、まったく別の「さらに活発な」遊びにのめり込んでいくのだろうか？

七〇年以上も前に、グルース[*1]は次のように書いている。

「私たちは、精神的・肉体的労働に疲れ、睡眠も休息も欲していない時、遊びから生まれる活発な活動を喜んで受け入れる。」

遊び場で見られるこのような行動の活発さは、道端でも見ることができる。このことは、破壊活動とどのような関係があるのだろうか？　その前に、「破壊活動」とは何だろうか？

イアン・テイラーとポール・ウォルトンは、「遊びの中での破壊活動に関する考察」[*2]の中で、遊び場の開園中にもかかわらず、使用不可になっていた遊具の鍵を壊していた子どもについて書いている。行政の立場から見れば、これは破壊活動でしかない。けれども、子どもの立場から見れば、これは理にかなっていて、建設的な行動と見ることもできる。見方によっては、視野が狭く、時代遅れで不必要な規則や法律こそが、私たちの自由を破壊しているとも言えるだろう。けれども、「この遊具は、大人がきちんと付いていないと危ないから、鍵がかかっているのだ」という、行政から出される弁護もまた、私たちの姿勢の反映でしかない。

私たちは、子どもを「見守ること」を嫌がっているのではないか。また、気にかけることもしたくない。私たちは、子どもを自分たちとは関係のない、難しい存在として目を背けている。けれども、もし私たちがお互いに話をすることができるようになれば、大人も子どもも同じく、公園管理者やロビー団体も、この状況を乗り越えるためにできることを見つけられるだろう。

また、私たちは、八〜一三歳くらいの子どもたちの「秘密」と「ごっこ遊び」について、もっと知る必要がある。オーピー[*3]は、ケネディ大統領の死後にアメリカの子どもが「暗殺ごっこ」をし、ベルリンの子どもたちが「ミニチュアの壁をはさんで撃ち合いごっこ」をしていることに触れている。

私の資料にも似たような例がある。アウシュビッツの子どもが「ガス室行きごっこ」をし、イスラエルの子どもが「アイヒマン裁判ごっこ」をして八歳の友達の首を吊りそうになり、イギリスの子どもが核兵器廃絶運動のデモで「列車強盗ごっこ（警察がいつも負ける）」をし、他にも、子どもたちは「アイルランド人と軍人」と呼ばれる撃ち合いや儀式的な処刑をして遊び、「結婚」と呼ばれる遊びでは牧師の祈祷書を手に聖歌隊の白衣を着て教会に侵入する。私は、こうした遊びをやめさせるべきか、またはやめさせることが可能かを問いたいわけではない。けれども、子どもたちが観察や真似をしながら、社会的な態度を遊びに取り込んでいる時、私たちはそれを無視することはできないのではないだろうか。

私たちは、単に口先だけでモラル上の理解を示す以上のことをしなければならない。子どもは、私たちが作り出した見本をなぞってみたいと考えている。私たちは彼らを罰したり注意をしたりするのではなく（そういう立場にもないのだが）、理解するということを始めなければならない。ただ、そうした理解は、子どもの参加が基礎となって初めて、可能となるのだろう。そうした理解があってこそ、子どもは、私たちやすべての人が生きている社会を理解し始めるだろう。これが、コミュニティワークの目指すところであり、人と人との関係性の本質であり、学びの本質であり、人として成熟していくことの本質であり、つまり遊びの本質である。

コミュニティの中できちんと理解され、利用されている冒険遊び場は、子どものことを学ぶための数ある出発点の中でも、もっとも優れたものだろう。他では、本当に自由な遊びを認めることができないだけでなく、何もないところから積極的に枠組みを作り、プログラムを組んでしまう。

大人の考え出したプロジェクト、たとえば、「アーティストの開発したトランポリン、ストリート・シアター、建築設計によって作られた眺めや遊び場の遠足」からは、子どもが楽しみや興奮をどれだけ見出したとしても、それは子どもの自発性に基づいたものではなく、子ども自身の発明でもない。こうしたものは、子どもの気を遊びから逸らすことで成功を収めているにすぎない。

こうしたプロジェクトは、想像から、発見から、そしてどこで何ができるのかを考え出していく本当の意味での学習から、子どもを切り離している。そして、「進歩的」であることを誇る行政が、時代遅れの規則を捨てて、町の書記官のサイン入りで「子どもの遊び場はここです」と宣言することは、すなわち、他の場所は遊ぶ場所ではないということを暗に意味しているのではないだろうか。他の場所で遊ぶことは抑圧され、その結果、処罰するものではないにしても、「社会問題」の原因になってしまう。確かに、そんなことは信じられないかもしれない。けれども、オーウェルの悪夢[*4]だと簡単に片付けてしまう前に、私たちはこの意味を理解して、より多くの、「より豊かな」遊び場や活動を作っていくことを固く決意しなければならない。

必要は発明の母かもしれないが、その父は、経済や社会の都合である。この二つが組み合わさることで、子どもは遊びの中でも、「言われたことをしなければならない」という立場に置かれてしまうことになる。にもかかわらず、子どもが、身の回りにあるものを使って社会を観察し、それに触発されて想像したものについては、トラブルになってしまう。

そうなると、遊びは、もはや自由ではない。それは、上からコントロールされたものになってしまう。遊びは、教えることができるものであり、その意味するところを追っていくと、試験をすることができるものになってしまう。「あの子の遊び方はうまいね」、「あの子は遊び方を知らないね」といった表現は、すでに私たちの専門用語になっている。ただ、そうは言っても、それが遊びそのものを表す言葉ではないし、そうなることもないだろう。

私たちが子どもの気を引くための努力を止めなければならないのは、言うまでもない。私たちが取り組むべきなのは、有効な関係を子どもたちに付け加えていくことだ。それは、組織的なものではなく、子どもの本来の姿を知るための方法や記録の手立てを編み出していくということだ。そして、子どもが社会の一員として適応していくために、どのように援助するかを考えることだ。けれども、子どもの「気を引こうとする」ならば、私たちは「子どもは『もの』に対してではなく、大人に魅力を感じる必要があるし、感じて欲しいと考えている」という事実も理解しておく必要があるだろう。

遊びには、他と違う独立した世界がある。そして、遊びは、周りの世界との幅広い文脈の中での学びの機会として捉えられてこそ、きちんとした研究がなされると思われる。

私たちは、子どもの好きな道端や溜まり場を、今のように否定的に見るのを止めなければならない。こうした場所には、子どもが自由に遊ぶ機会を提供する以上の意味があると思われる。こうした場所は、子どもが自動車やエンジン、交通事情、商店、船舶などについて学び、バスの運転手や工場労働者、建築関係者、芸術家、電話工事技師、店員、警察官、看護師といった人たちの暮らしを知るための場所となる。

子どもは、一般的に信じられているように、学校を離れて、知らない世界に飛び立っていくのではない。もし、こうした機会から遠ざけられるのではなく、遊びという枠の中で人々の暮らしに触れることを奨励され、あちこちで活躍している大人が参加できるようなものになっていれば、子どもはこの世界に出ていく心の準備をすることができるだろう。特に冒険遊び場は、人目から離れた路地裏ではなく、こうした人材が近くに揃っている場所を拠点にするべきだ。

私たちの子どもに対する姿勢として、遊びの空間を提供することは大切なこととして受け止められていると思う。常設の冒険遊び場を作り、広げていくための実践例は、すでに紹介した通りだ。けれども、ここでは、もう少し強い提案をしてみたい。たとえ、どんなに短期間でも、遊休地や建設予定地として空いている場所があれば、一時的な遊び場として使ってみてはどうだろうか。想像力のない、視野の狭い大人は、「子どもは、ずっと前からそういう場所には気付いているし、スクワッター（不法居住者）の権利を行使しているよ」と、否定的なことを言うかもしれない。こうした取り組みは、地元の市民活動団体から始めなければならないが、それでも、行政や地元業者に対して、資金やフェンス、工具、時には（技術を持っているリーダーとして）手伝いの人員を頼むのは、それほど不条理なことではないはずだ。

このような刺激があれば、地面の整地やフェンス作りには、技術を持つ大人と一緒に、子どもも参加することができるだろう。こうした活動は、一見、一時的な遊び場を子どもに提供すること以上の目的はないようにも見える。けれども、これは同時に、地域のあらゆる部門が関わる、リアルで、いくつもの側面を持ったプロジェクトとなり得る。さらに、リアルな技術を持つ人々と作業をすることによって、子どもは自分の仕事にプライドを持つということを学ぶだろう。そうして、何の技術も持たないプレイリーダーから学ぶことができる「失敗する力」とは別のものを見出していくだろう。

行政、市民活動団体、地元産業、労働組合からの代表者が集まる共同事業であれば、おそらく、こうした問題は、地域関係調停協議会や社会福祉協議会の元では深刻なものとなることはない。

娯楽というものが、芸術や資金集めや金稼ぎのためのベンチャーになるよりも遠い昔、若いビリーは父と狩猟や釣りに出かけ、メアリーは家事を手伝っていた。どちらも、小さい頃から働く大人たちのそばで毎日を暮らし、自分たちの特別な役割に熟練していったと思われる。

フィリップ・アリエスは、著作[*5]の中で「ゲームと娯楽の歴史のためのささやかな貢献」と題する章を立て、遊びの機能やその広がり、変容、商業化について触れている。そこでは、子どもは誰からも意識されておらず、無視される存在だった。彼もまた、子どもの「真似をしたがる」特徴を捉えて、「子どもは自分たちの態度については保守的で、当時、それを変える時には、観察に深く基づいていた」という。彼の指摘によれば、遊びは、「すべての年齢集団が一緒に関わることができるコミュニティ活動だった」という。そして、遊びが子どもの専売特許と見られるようになるのは、ずっと後のことだったという指摘がされている。

こうした組織化（または制限）は、一五世紀に始まったようだが、それは大人だけに適用されるものとして限定されていた。

「モラリストは、親たちに対して、学校に子どもを行かせることが義務であると説いた。子どもたちは遊び続けたが、さらに大人の目から離れた存在となっていった。（中略）家族や学校は、共に子どもを大人社会から切り離そうとしたのである。」

ゲームは中流家庭で広まっていったものであって、遊びは子どもたちと労働者階級の人々に残された。このパターンは、今日にもつながっている。毎日、二時間もの宿題をこなすことが課せられるような中流家庭の子どもは、週末には学校でゲームをして楽しむことが日課となった。そして、子どもは常に、親の文化的なプレッシャーや「教育的なおもちゃ」にさらされることになった。これは、遊びに関する限りで言えば、子どものコミュニティの中でも最も貧しい状況にあると言ってもよい。

ここで、私たちは、進行している多国籍社会の中にあって、(遊びについて)他国の文化を評価し、理解する必要があるように思う。そして、ヨーロッパを中心にして物事を語るのは止めた方がよいという指摘も、筋違いな話とは言えないだろう。たとえば、西インド諸島からの移民が多い地域で冒険遊び場を作るには、西インド諸島の子どもたちも「遊ぶ」という前提が必要だということだ。けれども、彼らが「遊ばない」のであれば、「遊び」は彼らにとっての文化や子育て、教育の一部ではないということになる。その一方で、彼らの文化や子育て、教育が、働く大人を育てようとするものであるならば、冒険遊び場が提供するものは、「土着の文化を育て、広げるもの」という関係付けになるだろう。

どの子どもも、「思春期」と呼ばれる時期を迎えるが、西インド諸島の若者たちが労働世界とのつながりを深めていく一方で、彼らをもてなす親類は移民先のイギリスで、見た目ばかりのカフェバーや質の低い思春期相談に翻弄されてしまう。

教員は、広がっていくばかりの教科の幅やクラス運営、時間割に縛られて、最近までは、教育や労働について、広い世界への道筋を示すことぐらいしかできていなかった。けれども、今では、教員がコミュニティでの自分たちの役割に気付くようになり、教室という学問的閉鎖空間に留まるべきではないという考え方に変化しつつある。そして教員は、生徒が「コミュニティワークに具体的な貢献ができるように」と、病院や五歳以下の子どものための自主保育、冒険遊び場などで働く経験を勧めるようになっている。

けれども、ここで危険なのは、コミュニティワーク（そして遊び場までも）が、以前には木工所が担っていた役割として捉えられてしまうことだ。つまり、「学問的でない何か」というのは、悪く言えば、それ自体がきちんと理解されていないことを指すものとして考えられてしまう。冒険遊び場について言えば、それがどういうものであるかの理解がなければ、本立てやホゾづくりができる面白い場所という程度の位置付けになってしまう。

それゆえ、学校は、地域の一部として、地元産業や社会福祉課、市民活動団体、労働組合、国有企業などと共に、その役割を果たしていくことが必要になる。つまり、この分野にこそ、私たちは、子どもが自分たちの興味と結び付けられる技術を持った人たちを見つけることができる。そして、今やこうした話は非現実的な話ではなくなりつつある。その動きの走りとして見ることができるのは、英国東部鉄道が導入した活動だろう。一九五九年七月に発表された報告は、次のように書かれている。

「目標達成表やコンテストなど、（中略）昨年も成功を収めた企画が、ふたたび実施されることになりました。今年は、昨年に登録された四〇〇〇人を超えることを目指しています。（中略）子どもには登録を勧め、公式の『目標達成バッジ』やカード、報告用紙を配布して、乗車中に観察した近代化の実施例を記録してもらいます。（中略）そのために、子どもには割引運賃を適用し、（中略）あらゆる支援を行います。」

子どもに直接配布する説明パンフレットには、

「英国東部鉄道で一二マイル以上の旅をしよう。日帰りでも、数時間で出発地に帰ってきても大丈夫。（中略）汽車や駅のプラットホーム、一般の人が入れる駅のどの部分でもよいので、近代化プログラムの実践例を調べてみよう。」

と、書かれている。

これは、明らかにかなりのプログラム化が施されていて、遊びの部分はほとんどない。けれども、数ある賞の中には、「ロンドン一泊二日ご招待」、「急行蒸気機関車の機関室か、新しいディーゼル機関車の運転室にご招待」、「操車場・信号室・制御室訪問」といったものがあり、すべては大人の世界を共有できるワクワクするような体験になっている。最近の取り組みでは、考古学発掘調査なども含めて、実践的にも「これこそが参加」と呼べるものも出てきている。

「子どもも教員も、（中略）労働体験は大歓迎と考えていて、発掘作業の監督は彼らに注意深く仕事を振り分けていた……。」

また、「作業に参加した子どもには、一〇歳未満の場合は三〇ペンス、一六歳未満の場合は五〇ペンスが支払われた。ただし、ある現場監督は、『俺たちが金を払えば、彼らを働かせることもできるし、働かなければ、クビにするだけだ』と語っていた」という。[*6]

これは、昔からの、土曜日の朝の牛乳配達と変わりなく機能している社会参加の一形態で、この目的のためには、牛乳配達の大人や、参加した子どもからも法律は無視されることになった。

こうした取り組みの中にこそ、昔の社会では身近だった、年上の兄弟や近所の人が子どもたちとの関係の近さを取り戻すきっかけがあったのだ。そして、ユースワークやコミュニティワークの技術を持たない大人であっても、子どもが本当に求めている技術を紹介することができ、子どもにしか理解できない冒険のための入口を提供できるものとなっていた。

山の登頂や月面への着陸は、遊びのファンタジーの大切な一部分にはなるかもしれないが、本当の冒険にはなり得ない。それは、このような偉業が、私たちの賞賛の対象とはなっても、子どもの想像の範囲を超えてしまっているからだ。こうした経験は、個人の体験とはなり得ない。つまり冒険というものは、個人が体験してこそ、子どもにとって意味のあるものとなるし、そうでなければならない。

単純に言えば、人と出会い、友達ができ、その友達と一緒のことをして、道路を自分ひとりで初めて渡り、初めてのお遣いに出かけ、付き添いなしでバスや汽車に乗り、今までになかった大きな責任を引き受け、新しい技術を学び、新しい考え方を集め、検討するということが、子どもにとっては冒険になり得るのだ。

それぞれの子どもの地平線は、それぞれの想像力によって形作られる。それは、遊び場やそこでの社交範囲に限定されるものではない。子どもにとって、制限があるとすれば、それは大人社会がどれだけ努力し、成果を生み出してきたかによるのだろう。子どもは、こうした大人の努力や成果からこそ、アイデアを生み出していくことができる。

「ままごと」のような遊びを中心に見られる、子どもの本能的で原始的な遊びは、重要な意味を持っているが、その一方で、子どもの成長につれて、先生やお店の店員、整備士や看護師、バスの運転手、大工、医者、ロケットの操縦士を真似て学ぶような遊びを広げられる場所はどこにもない。

いったん学校の外に出てしまうと、社会が子ども個人に関心を寄せるのは、彼らが問題になった時だけだ。病気になったり、精神障害を持ったり、非行の問題を呈した時には、それが継続的な研究の対象になる。けれども、好奇心にあふれた積極的な子どもは、形式的で、制度化されたものから得られる援助を除いて、何の助けもないまま大人社会への道を探るように、放っておかれていた。

ここで過去形を用いたのは、最近になって、前向きな取り組みが見られるようになってきたからだ。行政や市民活動団体も、今では、プレイリーダーシップの分野に具体的な関心を寄せるようになってきている。

その一方で、多くの取り組みにはかなりの違いが見られるものの、子どものニーズが過去にないくらい真剣に見つめられるようになってきている。ただ、その多くは、未だに四月から九月までの季節的なものとして終わってしまっている。遊び場に建設される屋内施設についても、たいていはサイズがふさわしいものではなく、本当の意味で遊びや子どもの取り組みを考慮してデザインされたものとはなっていない。

けれども、私たちに必要とされるのは、辛抱強さだろう。学ぶべきことは、まだ多く残っている。そして、必要とされる体験も多く残されている。だからこそ、私たちは、より深く観察し、研究を続けていかなければならない。

大ロンドン市議会は、大きな成功を収めた〈プレイ・パーク事業〉を通して、木登りや滑車ロープは楽しいだけでなく、公園の自然景観を損なわないという考え方を示すようになっている。そして、そのような冒険的な活動は、「子どものことよりも管理責任が心配な人々」を脅かすものではないという考え方も示されるようになってきた。また、建築遊びと同様に、お絵かきやクラフトの導入も始まっている。

その一方で、保護者とコミュニティの関心や参加については、考慮されていない状態が続いている。ただし、かなりの成功を収めた〈ワン・オ・クロック・クラブ〉については、事情が違っているようだ。ほとんどの活動は、今では一年を通じて実施され、保護者の参加が重要な鍵と受け止められている。そして、公園課が地域で遊びの活動を作ろうとする時に直面する問題についても、すでに検討が始まっている。今も公園自体は夕暮れには閉鎖されてしまうが、これは遊びのエリアが公園の奥深くに位置しているところでは、明らかに制限となっている。

望まれるのは、私たちの知識と経験が増えていくにつれ、こうした遊びのエリアの設置場所にそれなりの配慮が加えられていくことだろう。住宅地に近いところで、適切な場所への設置と魅力的な設備が整えば、遊びのエリアは一年を通して地域に開かれ、日没以降も開放することが可能になるだろう。

ここで、個人的な意見とは別に、「記録されている知識の不足」というベンソン[*7]の言葉を繰り返し残しておきたい。もし、広い意味でプレイリーダーシップの考え方や認識が育っていくならば、プレイリーダーはさまざまな分野で現在働いている都市計画や公園計画、トレーニングや職業構造に関わるプランナーや建築家、住宅担当者、公園管理者、教員、ソーシャルワーカーなどの実践者たちと、現場レベルでつながることができるだろう。

同じように、プレイリーダーも市庁舎に足を運び、行政で政策や運営に関わる人たちに対して、自分たちの役割を説明できるようになるべきだ。また、研究集会に出かけて発表し、他分野の専門誌に文章を書けるようにならなければならない。

プレイリーダーは、保護者や教員と同じように、大人のコミュニティの最も大切な一角を担っている。プレイリーダーは、子どもが自分たちのペースで関われるような人であり、そういう存在でなければならない。そのようにして、プレイリーダーは社会の流れを掴みながら、社会から学び、社会を育てていくことができる存在になっていく。

＊1　The Play of Man, by K. Groos; Heinemann
＊2　Social Work Today, 12th august, 1971
＊3　Children's Games in Street and Playground, by P. and I. Opie; OUP
＊4　イギリスの作家ジョージ・オーウェルが作品の中で予見した、未来の抑圧的な管理社会から想像される悪夢
＊5　『子どもの誕生』フィリップ・アリエス　ペンギン出版
＊6　一九七三年九月二一日　タイムズ紙教育特集版
＊7　世界各地の冒険遊び場とその運営などについて書かれた『新しい遊び場』（鹿島出版会・原題『Adventure Playgrounds』）の著者アービッド・ベンソンのこと

9

遊びに関わる人に必要なこと

ここまで来れば、プレイリーダーの役割やトレーニング、職業としての体系について考えることも可能ではないだろうか。フルタイムのプレイリーダーの仕事観や役割の考え方、彼らの関心や特質、抱負、現在そして未来への職業の展望の幅広さを考慮していくと、プレイリーダーのトレーニングは明らかに「遊び」という枠を超える必要があるだろう。そして、冒険遊び場は、プレイリーダーシップとして現在知られている総合的な分野の一側面でしかないということを覚えておく必要があるだろう。

つまり、プレイリーダーシップは、さらに広いコミュニティワークという分野の中の一部分であるということだ。この本ではほとんど触れてこなかったが、現在では、プレイリーダーはフルタイム、パートタイムなど、様々な形態で雇われている。その一部は教師を職業としている人であり、季節的に雇われた公園課の職員ということもある。さらには、親や様々な専攻を持った学生であることもある。その中の多くは、おそらく一時的ではあるが、教師やソーシャルワーカー、コミュニティワーカーになるためのトレーニングとして自分を試そうとしている人たちだろう。

けれども、私たちは、何年にもわたって積み上げられてきたこの知識や専門性を失ってはならない。そして、地域での活動や事業として、この分野を広げ始めていかなければならない。こうした議論は、子どもや若者の立場から見ていくと、さらに重要な意味を持つことになる。

事業が細分化されていくと、子どもはいくつもある専門分野のそれぞれでレッテルを貼られてしまう。けれども、そこでは、その子どもの一側面しか見ていないということがよく起こる。それは、その専門分野だけに関係した子ども像でしかない。そして、よくあることだが、何回かの偶然の接触で、子どもは民間の組織や教育福祉、ソーシャルサービス、児童相談、保護観察などを通して、「問題児」として扱われてしまう。

つまり、幅広いトレーニングが、二つの段階で必要となってくるだろう。まず初めに、職業間の狭い専門分野の壁を壊し、現場で実践に携わる人たちが子どもを全体で捉え、受け止められるような機会を作ることだ。そして次に、誰が接触を持っても、子どもがありのままの自分を出せるような機会を作ることだ。職員がひとつの分野から別の分野へ移動するということは確実に起こる。そのためにも、ソーシャルワークや教育といった中心的な分野だけでなく、周辺的な分野にも関連するトレーニングが役立つということは考えておく必要があるだろう。

けれども、歴史は、今のところ別の道を辿り続けてきている。一九七〇年、全国運動場協会が出資して、プレイリーダーシップのための一年コースがサロック技術短大で開講された。このコースはその後も継続されてきたが、政府の教育科学省だけでなく、「ソーシャルワークに関する教育とトレーニングのための中央協議会」のような、中央の承認機関からも未だに認知されていない。

これは、教育科学省が既存の「青少年育成・コミュニティワーク」の専門二年コースで、プレイリーダーシップをすでに選択科目として認めていることに問題があるようだ（実際は、ロンドン大学ゴールドスミス校とレスター大学の二つだけでしか選択科目として提供していないが、教育科学省自体の意向よりも、以前からの青少年育成に対する姿勢が影響していると思われる）。

全国運動場協会は、プレイリーダーシップを青少年育成、コミュニティワーク、ソーシャルワークのどの分野とも切り離して考え続けようとしてきた。つまり、プレイリーダーシップは、独自に発展してきた一つの分野または職業として考えられている。

プレイリーダーも、この問題については完全に意見が分かれ、何年にもわたり、「トレーニングでプレイリーダーになることはできない」という議論が行われてきた。また、プレイリーダー自身も、「どの専門職とも違う」という見方を望んできた経緯がある。研究集会の場でも、観念的なプレイリーダー論や実践論の話にはなるものの、プレイリーダーの方も、自分たちの仕事が広い意味でのコミュニティ教育の一部であるという事実に目を向け、受け止めていくということができないでいた。

公園や、体系化された事業で働く人たちは、全国レクリエーションリーダー協会の元に集まったが、冒険遊び場労働者協会はそこに加入することはなく、数年後にその動きに従うだけに留まった。時が経つにつれて、この初期の姿勢も柔軟になったが、認知の遅さや支援不足から、プレイリーダーという職業の再検討を迫られることになった。

一九七一年にはプレイリーダーシップ協会が設立され、規約も同様の専門職のものをモデルにして作られた。今では会員数も一〇〇を超え、教育とトレーニングのためのいくつもの小委員会を持つようになっている。この教育とトレーニングの小委員会は、サロック技術短大でのコースを代表として、全国運動場協会とケニントンカレッジでも、パートタイムの現場実習を提供した。けれども、ソーシャルワークや教育の分野から正式に関わる人はいなかった。協会の方は、プレイリーダーシップやトレーニングを、広い意味でのソーシャルサービスや教育の枠組みの中で検討することにはほとんど目を向けず、会員のための明確な職業体系作りも表面的に掲げているだけとなった。

サロックでのコースの将来も不安定なまま、教育科学省はレスターのコミュニティワーク・青少年育成の二年コースの中に、プレイリーダーシップのための五ヶ所の実習場所を加えることを承認した。この決定は国内の他の場所への広がりを見せるはずで、法的に認知されている青少年育成やコミュニティワークの一端を担うものとしてプレイリーダーシップが捉えられていく先駆けとなるものだ。さらに、地方教育委員会には、法定の青少年育成対象年齢以下の子どもを対象にしながらも、長期にわたってボランティア運営の遊び場に助成金を出してきたという事実もある。

その一方で、さらに別の、より的確なレベルでの教育とトレーニングを考えていくことが可能になってきている。提案されている高等教育修了課程では、ポリテクニック（大学レベルの総合技術専門学校）で総合的な教育とコミュニティ教育のコースを用意できるようになるだろう。そのコースでは、プレイリーダーやそれ以外の人も自己啓発の機会を得て、より幅広い分野に適した職業を選択できるようになるだろう。

このことは、コーリー教育大学の提案の中で最も的確に述べられている。

「その狙いは、教育的にだけでなく人々を援助するための専門職に見合った高等教育修了課程を提案することにある……」

この提案の中では、さらにプレイリーダーシップについて触れている。

「全国への情報で明らかになると思うが……トレーニングのための場所を広げることが確実に必要となるだろう。……そして、そのトレーニングは、他の専門職でのトレーニング（教員トレーニングを含む）とも一体化されていくべきだ。」

このようなコースは、職業的な可能性を探る一般教育を提供するもので、人を選ばない個人教育およびコミュニティ教育という新しい考え方を生み出すものと考えてもよいだろう。さらに推し進めて考えれば、そのようなコースでは、普通のポリテクニックの入学基準である「Oレベル」、「Aレベル」、同等の工業資格も不要になるだろう。

この提案ならば、老若男女を問わずに、実践的な能力や、常に変化する個人の興味に合わせた教育の機会をより多くの人に保障することができる。このような道も開かれるようになってきてはいるが、ここで確認しておきたいのは、こうした道が自分の成長につながっているのはもちろんのこと、私たちと共に今を生きている子どもにもつながっているということだ。人の興味や体験というものは、変化を重ねていく。それに沿った教育課程を探る上で私たちが忘れてはならないのは、子どもたちも遊びの中で同じような変化を重ねていくということだ。このことから私たち自身が学ぶことは多い。

まず初めに、プレイリーダー（この呼び名はプレイリーダーの間でも決して人気が高くはなかったが）には、コミュニティワーカーのように、コミュニティを啓発するという役割があることに価値を見なければならない。つまり、金銭や資源としてだけでなく、様々な技術や興味を持つ人たちをつなぐことで地域をサポートするということが、今日の子どもに対する社会の態度を変化させていく。

社会が発展している今、「誰かの関心は、私たちすべての関心」になる。まさに、プレイリーダーは、そのようにして生まれたとも言えるのではないだろうか。プレイリーダーの役割は、反面教師的に社会のあり方を見つめ、社会がそこに向き合えるようにすることにある。一般社会の知識を増やし、専門職としての機会を広げることができれば、プレイリーダーはその鋭い感性で、子どもが遭遇する様々な状況に対応していくことができるようになるだろう。そして、うまく噛み合わないジグソーパズルのようなケアの分野や細分化された産業界・商業界の職域の狭さを開いていくこともできるだろう。

ここで「社会の姿勢を変化させる」という時には、次のような手腕を育てるアプローチをかけていきたい。

1　報道やラジオ、テレビ、展覧会、地域社会での話し合いなどの方法を使った公共教育を行っていくこと。それは、ソーシャルサービスや教育サービスの範囲に留まらず、地元の産業や商業にも広げていくこと。

2　法的または組織化された民間の分野でも、すでに素晴らしい知識が積み上げられている。けれども、この分野では、「問題ありと見なされる子どもにはソーシャルワーカーが関わる」というように、今も子どもを分類することに頼りすぎている。今ある問題は、地域の中の子どもの居場所の問題だ。子どもたちの行動パターンが「危険」なのではない。問題は、模範を設定したがる社会と、子どもを受け入れない大人の行動パターンの方にある。

これは、私たちにとっての挑戦なのだろう。そして、この挑戦は、実践的に、そして積極的に考えられていくようにしていかなければならない。これは、つまり、中世から約四〇〇年のブランクを経て、子どもが積極的に社会へと戻ってくるということであり、青年にも満たない、学校へ通う年齢の子どもたちの声が聞かれ、その存在がきちんと感じられるようにしていくということだ。

子どもが今求めているのは、遊ぶ自由以上のものだ。それは、地域の組織や教育や労働体系など、地域での生活に参加する自由だ。そして、子どもの知識や技能は、経験を積んでいくにつれて向上するだろう。すべてではないにしても、そのほとんどは遊びから生まれてくる。

遊ぶということは、想像的かつ創造的で、発展的な自己表現として考えられなければならない。それは、言葉（コミュニケーションの手段）でもある。このことを理解していない私たちは、成年に達したとはいえ、未熟なままでしかないのではないだろうか。子どもの情緒や身体の発達は、長い間、教育学とソーシャルワークのコースの科目だったが、そのアプローチは、現実の世界からは遠く離れたものが主流になってしまっている。

もし、私たちが子どもとうまくコミュニケーションを取ろうと考えるならば、一からのスタートが必要だ。「人形でお母さんごっこをして遊んでいる女の子は、納得できる形で自分の将来の役割を取り入れるために観察し、真似をしながら学んでいる」ということの価値を、私たちはきちんと評価する必要がある。そして、その遊びは、女の子が自分で選んで、自分が楽しむためにしているということも、評価しなければならない。同じように、男の子がレールの付いたフェンスをガタガタと棒で鳴らして、近所の人を苛つかせるのを楽しんでいる姿は、本質的には乳幼児がガラガラを振っているのとあまり大差はないと考えていく必要があるだろう。

現在の高層住宅は、子どもが自由に遊ぶことを否定しているだけではない。子どもが「観察する」という機会をも否定しているという議論をパール・ジェフコット[*1]は展開している。おもちゃを保管するスペースもそれほどなく、常に壊れているエレベーターに苛立つ親たちには、人形を乗せるベビーカーやペダル式の車や三輪車を買う余裕さえなくしてしまっている。そして、子どもの環境はさらに貧弱だ。一九階に住んでいるということは、天気さえも意味を失ってしまうことになる。それは、初雪がちらついた時にも、子どもは外へ駆け出して遊ぶ代わりに、窓の外を見るしかないということを意味している。

そもそも、社会性の成長や発達は、私たちの住む環境を通して、そして私たちの作り出す支え合いの関係を通して継続性が維持されていく。しかしながら、新聞やテレビといったメディアを通して、私たちは子どもを惹きつけると同時にストレスを与え、刺激を与えると同時にがっかりさせるというような機会を無尽蔵に提供してしまっている現状を十分には振り返ってはいない。

子どもは、大人が無視しているこうした機会を逃さずに掴み取っていくのだが、たとえば、ある子どもがテレビ番組の中で動物への興味を触発されたとしても、触れることができるのは屋内のペット（これさえも公営住宅やほとんどの中学校では認められていない）か、動物園の動物くらいで、どちらにしても子ども自身は関わりを持つことができない。

こういったことすべては、トレーニングにどのように関係するのだろうか。ここで強調しておきたいのは、今あるトレーニングの形態が、学問的なものに偏りすぎているのではないかということだ。大学の教職課程やソーシャルワークの課程には、実践的な実習の時間もあるが、学生が自分のレベルに合わせて子どもと出会い、子どもと共に世界（実際にはお互いの世界）を探るようなものにはなっていない。たとえば、学校での教育実習は、学生に対して、学校のシステムに触れさせるためなのか、子どもに触れさせるためなのかさえもはっきりしないところがある。

もし子どもに触れさせるのならば、遊び場やコミュニティでの実習の方が、学生も役割を果たし、より良く子どもを理解することができるのは確かだ。もちろん、私たちは社会性の成長と発達についても学ぶ必要がある。ただし、ここで私たちに求められているのは、そこで学んだことや一人一人の子どもを、幅広い人間社会の具体的な関係性の中につなげていくことだ。

人は、自分以外のものになることはできない。けれども、自分の感性や他人の才能に対する気付きを磨き、その感性や気付きを目の前の子どもにつなげていく道を探ることはできる。けれども、今までの私たちは、ケアの分野の中で、子どものためにと、自分たちのエネルギーを違う方向に、そして「私たちにとって安全な方向」に向けていたのではないだろうか。

こうした資源は、産業や商業、芸術の分野に広く存在しているということを、私たちは理解しておきたい。多様な分野との接触は、目の前の遊び場の成功という視点ではなく、（大人が仕組んだものではない形で）子ども一人一人の参加を基本にした機会となっていく。地元の商店主や車のガレージの経営者、工場の責任者や行政の上級職員まで、私たちは、教師との関係に劣らないくらい、あらゆる人たちと社会での子どもの役割について話し合えるようにしていかなければならない。

子どもは、様々な理由で勉強から労働への移行を不安に感じている。もしそれが安心できるものであれば、子どもは様々な能力を引き出すことができるだろう。子どもは、自分のペースで、自分なりの時間をかけて学んでいく。私たちにできるのは、子どものために扉を開いておくことだけだ。そうすることで、子どもは今よりも早い時期に、より効果的に、より幅広く労働に移行していけるはずだ。

この点では、教師も、プレイリーダーと同じ責任を担っている。学校から社会へ──地域や労働環境へ──子どもを開いていく仕組みでは、中学年齢の子どもが各学期にさまざまな実習に取り組めるように考えられていくべきだろう。こうした機会が提示されることで、子どもは恐れることなく自分を試し、勉強から労働へ、幼稚さから成熟への道を自然に作っていくことができるようになる。

今のところ、学校の最終学年の子どもについては、このようなプログラムの施行権限が一九七三年の教育（労働経験）法で定められている。プレイリーダーは、親や教師と共に、専門分野の枠を超えたところでこの変化のプロセスに関係する存在であるし、関係していくべき存在である。

つまり、現状で語られているプレイリーダーの職域は、狭く、近視眼的かつ自己弁護的なもので、あまり意味を成さない。遊びと勉強と仕事の間の線を引くことができるのは、子ども以外には誰もいない。

「遊ぶのはやめなさい」と言われている子どもでも、その大人の態度に多くを学んでいるし、それが「仕事」とも言えるのだ。逆に言えば、「外に出て遊んできなさい（遊ぶなら遊び場に行きなさい）」という指示が否定的な表現であることにも、私たちは気付くべきだろう。

もし、このような考え方がプレイリーダー観やプレイリーダー教育の一端を成しているならば、他の分野での教育観にも同様に位置付けられるべきだ。昨今の人文科学の研究は、人のあるべき姿を追うという性格を失って、より学究的になってしまっている。

すでに述べたように、実習へのアプローチの狭さは、学生や、その時に関わる子どもにとっても制限となっている。「観察」と「遊び」という項目で探せば、今のリストで挙げられる五〇ヶ所をはるかに超える活動場所を社会全体で用意することができるだろう。もし、子どもが望み、必要としている自由を得られるならば、子どもの好奇心や探究心、冒険心は、次第に私たちの想像をはるかに超えてしまうようになることは意識しておきたい。

私たちも、子どもがそうするように、あらゆるものに自分の関心を広げ、学んでいく必要がある。もしこれが可能となって、その熱心さをいくらかでも伝えることができるようになれば、私たちは、プレイリーダーや親、コミュニティワーカー、教師、そして子どもを手助けできるエンジニアや歴史家、電気技術者として、影響力を持つことができるようになるだろう。その時には、もはや肩書きは何の意味も持たない。

今のところ、プレイリーダーは自らその役割を選んでいると思うが、経験から言えば、ほとんどの人は、この仕事を続けていくことはないだろう。けれども、そのような人たちも、他の仕事に関わりながら、自分の考えをより深いところで発見していくと思う。ただ、覚えておいて欲しいのは、子どもはどんな時でも遊びを展開させていくということだ。その姿は、私たちと変わることがない。子どもは、自分のやりたいと思うことを選び、そして気持ちを変化させていく。プレイリーダー、親、教師、ソーシャルワーカーは、いや、どんな大人であろうと、この子どものふるまいの原動力を知ることができなければ、子どもに手を貸す資格はない。

プレイリーダーが子どもに手を貸すのは、子どもが自分自身で学び、社会そのものを知っていこうとする時だけだ。すべてのトレーニングや教育コースも、そうした方向性を持っている必要がある。遊びのレシピを元にして作り上げられるコースほど悪いものはない。

遊びの理論と実践というのは、真に自由で探求的な状況の中にある。子どもは、すでに私たちの社会の一員だ。遊ぶ自由があるということは、子どもが社会の中で自分にちょうどよい居場所を見つける自由があるということと同じ意味を持つ。つまり、子どもは、そして大人も、自分の存在を感じられる場を、そして変化するための場をいつも見出そうとしているということだ。社会の中で様々な人と出会い、技を磨くための機会がもっとあれば、子どもも大人も、うまく、前向きにそのような場を見つけ出していくことができるようになるだろう。

そして、子どもはさらに広がる地平線と新しい役割を求めて育ち続けていく。子どもがそうするように、私たちもその道をたどっていくことが大切なのだ。私たちにとって意味のある、新しい遊びの場を追い求め続けて。

＊1　Homes in High Flats by Pearl Jephcott; Oliver & Boyd

著者ジョー・ベンジャミンについて

ジョー・ベンジャミン　1993年

Joe Benjamin（1921〜1995）

ジョー・ベンジャミンは、人とはちがう子ども時代を過ごした経験から、子どもの発する声や大人の発言に対して、鋭く敏感な耳を持っていました。寂しい一人っ子だった彼は長らく病院と療養所で暮らし、自分が遊ぶよりも、見ていることの方が多かったと言います。そして、彼が言うには、カトリックの修道女から、ユダヤ教のラビ、イギリスの軍人まで様々な人が先生となっていたようです。

また、他の作家と違い、彼は学校を出た後も、海辺に逃避したり、真珠取りのような風変わりな仕事に就くこともなく、刑務所に入ることもありませんでした。その代わりに、彼が選んだ冒険は幸せな家族生活を送ることと、児童養護施設やロンドン各地で、孤立した子どもと関わる仕事をすることでした。そして、ロンドンのカムデン区で、地域の児童館を受け持つ行政担当官を八年間務めました。

現在、ジョー・ベンジャミンは、ノース・イースト・ロンドン・ポリテクニック総合技術専門学校コミュニティワーク学科の統括アドバイザーという役職にあります。子どもや若者が直面する問題に関心を寄せる彼の仕事は、その実践やほとんどの教育系・ソーシャルワーク系の雑誌への寄稿に見ることができます。

ジョー・ベンジャミンは、自らの経歴を通して、「言ったことは実践する」ということにこだわった人でした。郊外にある気持ちのよい自宅の庭を冒険遊び場として開放するというのは、真に誠実と言うべきか、正気でないと言うべきか。これが、前人には誰にも追いつくことができない彼の到達点となっています。

ウォルター・ジェームス

（原書『Grounds for play』著者紹介より）

訳者あとがき

この本に初めて出会ったのは、私がイギリスで「プレイワーク」を学ぶために留学した一九九三年のことでした。特に冒険遊び場のことを学びたいと思っていた私にとって、一九七四年に出版されたこの古い本は、私の出発点ともなりました。そして、大人の都合を子どもに伝えること以上に、情熱を持って子どもから教わることを大切にするこの仕事に一層魅かれたものでした。

それからすぐに翻訳を始めたものの、このような古い本を出版できる出版社のあてもなく一〇年が過ぎ、神戸女子大学の梶木典子先生の紹介を通してやっと企画を持ち込んだのが、すでに冒険遊び場に関する世界的な古典とも呼べる二冊の本を出版していた鹿島出版会でした。図版がない、ページ数が少ないなどの制約も多くありましたが、当時の担当の久保田さんと、その後を引き継いだ三宮さんには大変お世話になり、出版の運びとなりました。

読んでいただいても分かるように、イギリスの最初期の冒険遊び場は、必ずしもうまく行ったと言えません。むしろ、失敗の実践の方が、多かったのかもしれません。けれども、その数々の失敗の中に垣間見える子どもたちとのやり取りや彼らの笑顔、人生の悲喜こもごもが、今も続く冒険遊び場づくりへの原動力だったのではないでしょうか。

現在のイギリスでは、第9章に書かれている「プレイリーダーシップ」は、「プレイワーク」という専門分野を表す言葉として位置づけられるようになり、職名も、「プレイワーカー」として語られるようになりました。日本では、まだ「プレイワーカー」という意識を持って子どもと関わる人も少なく、その社会的認知も低いままですが、この分野に携わる人の多くが、「コミュニティワーク」や「ソーシャルワーク」「都市計画」「教育」などの分野も視野に入れながら、広く社会の子どもと大人を繋ぐ大切な位置を担うべく力を合わせられるように期待したいと思います。

ジョー・ベンジャミンは、私がイギリスから帰国する直前の一九九五年に七四年の生涯を閉じました。それは、まだ私が熱意を持って翻訳を始めた矢先のことでした。一目でもお会いしたいと思っていましたが、それも叶わず、ご家族との連絡を取る術もなく、出版への道のりも遠のいていくように感じられました。

ところが、それから一五年が過ぎ、このあとがきを執筆している最中、調べ物をしている過程で、偶然にも、ジョー・ベンジャミンの息子さん（アダム・ベンジャミンさん）のホームページが見つかり、連絡を取ることができました。障がいの有無に関わらないダンス教育にも関わり、ダンサーやディレクターとして活躍してきたアーティストで、日本の方と結婚され、三人のお子さんがいることがわかりました。そこから、ご長男のマークさんとも連絡を取ることが出来、一度も目にすることが出来なかったジョー・ベンジャミンその人の写真やご家族の歴史などをお借りすることができました。これは、出版直前での奇跡の邂逅でした。私は、きっと、ジョーがどこかでやりくりをして、私たちを引き合わせてくれたのだろうと考えています。

ありがとう。

二〇一〇年一〇月

嶋村　仁志

ジョー・ベンジャミン 1968年

訳者プロフィール

嶋村 仁志（しまむら・ひとし）

一九六八年、東京都生まれ。英国リーズ・メトロポリタン大学社会健康学部プレイワーク学科高等教育課程修了。

一九九六年に東京・世田谷にある冒険遊び場「羽根木プレーパーク」のプレイリーダーとなる。二〇〇三年には「川崎市子ども夢パーク」に勤務。二〇〇九年からは、「プレーパークむさしの」（東京都武蔵野市）を中心に活動している。

また、二〇〇〇年よりフリーランスとして、国内だけでなく海外（カナダ・イギリス・スウェーデン・ブラジル・ドイツ・中国）でも講演、ワークショップ、冒険遊び場の立ち上げ支援を行ってきている。二〇一〇年には〈すべての子どもが豊かに遊べる東京〉をミッションに掲げた組織「TOKYO PLAY」を立ち上げ、様々なキャンペーンやプロジェクトを企画している。

共著『もっと自由な遊び場を』（大月書店）

訳書『プレイワーク　子どもの遊びに関わる大人の自己評価』（学文社）

写真提供

マーク・ベンジャミン
P.10, P.213, P.217
ナフィールド財団（ジョー・ベンジャミン著『冒険を探して』研究出版助成元）
P.81, P.116, P.118, P.153, P.156, P.164, P.169, P.182
スティーブン・ピート
P.170

グラウンド・フォー・プレイ　～イギリス 冒険遊び場事始め～

発行　2011年4月10日　第1刷発行
著者　ジョー・ベンジャミン
訳者　嶋村 仁志
発行者　鹿島光一
発行所　鹿島出版会
104-0028 東京都中央区八重洲 2-5-14
電話 03（6202）5200
振替 00160-2-180883
装幀　西野 洋
印刷・製本　壮光舎印刷

 ISBN978-4-306-07286-2 C3052

本書の内容に関するご意見・ご感想は下記までお寄せください。
http://www.kajima-publshing.co.jp/ info@kajima-publishing.co.jp